Viola Schenz

Trucks, Baptisten und Einarmige Banditen

Amerikanische Provinz

Viola Schenz

Trucks, Baptisten und Einarmige Banditen

Amerikanische Provinz

Picus Lesereisen

Picus Verlag Wien

Für Stephan

Die Deutsche Bibliothek – CIP-Einheitsaufnahme

Schenz, Viola:
Trucks, Baptisten und Einarmige Banditen :
amerikanische Provinz / Viola Schenz. –
Wien : Picus-Verl., 2002
(Picus Lesereisen)
ISBN 3-85452-767-5

Grafische Gestaltung: Dorothea Löcker, Wien
Umschlagabbildung: Foto © Helge Sobik
Druck und Verarbeitung: Remaprint, Wien
ISBN 3-85452-767-5

Inhalt

Von Miezen und Monsterschleppern

Mit einer Truckerin unterwegs in Kalifornien

Dann eben Las Vegas. Gerade war noch von San Francisco die Rede gewesen und kurz davor von San Diego. Aber wenn Peggy Biro in diesem Job etwas gelernt hat, dann das: nichts zu hinterfragen. Und wenn in der Zentrale ein schwarzer Computerbildschirm mit den Dutzenden gelben, roten und grünen Buchstaben- und Zahlenkolonnen behauptet, es sei noch dringender, eine Ladung Cornflakes nach Las Vegas zu bringen, dann ist das nun mal so. Seit anderthalb Jahren verdient sich Peggy ihr Geld mit Lastwagenfahren. Und Lastwagenfahren ist wie in einem fremden Land leben: Hier gelten eigene Gesetze, hier sprechen die Menschen eine eigene Sprache. Statt in Häusern schlafen sie in so genannten *sleepers*, und 96 Prozent dieser Menschen sind Männer. Peggy gehört zu den restlichen vier Prozent, *chicks* genannt, Miezen. Da nützt es nichts, dass sie 44 Jahre alt ist, reichlich Lebenserfahrung und vier Kinder hat, von denen zwei schon aufs College gehen. Einmal *chick*, immer *chick*. Ein vergleichsweise harmloser Ausdruck, wie Peggy findet, auf jeden Fall freundlicher als *seat cover*, Sitzbezug. Für *chicks* gilt es, mit der Sprache und den Gesetzen des fremden Landes klar zu kommen: *Love it or leave it*.

Ihr Visum für dieses Land hat die Größe einer Kreditkarte und trägt den Schriftzug »Class A«. Es erlaubt ihr, 22 Tonnen schwere und 24 Meter lange Monster zu bewegen. Vor zwei Jahren hat ihr der Führerschein vor allem erlaubt, »einfach abzuhauen«. Die Supermarktkette, für die sie als Filialleiterin arbeitete, kämpfte ums Überleben. Peggy verlor ihre Stelle, gerade als sie ihren Scheidungsprozess gewinnen wollte. »Auf dem Arbeitsamt haben sie mir den Job angeboten, nach dreißig Tagen Fahrschule *on the road*«, erzählt sie, »innerhalb von drei Minuten hab' ich zugesagt.«

Ihr neuer Arbeitgeber heißt KKW Trucking in Pomona, nordöstlich von Los Angeles, einer Stadt, die nur aus Gewerbegebieten und Autobahnknoten zu bestehen scheint. Ihr neuer Mann heißt Steve. »Peggy and Steve Biro« steht auf den Türen ihres knallroten KKW-Sattelschleppers. »Als Truckerin bist du entweder geschieden oder stehst kurz vor der Scheidung oder weißt noch nicht, dass du kurz vor einer Scheidung stehst«, erklärt Peggy. Verheiratet sein könne man nur mit einem Trucker, »dem einzigen Typus Mann, der das akzeptiert«. Peggy und Steve wechseln sich im Halbwochenrhythmus mit dem Fahren ab, damit immer jemand daheim in Anderson, Nordkalifornien, bei seinen und ihren Kindern sein kann.

In Anderson ist die Welt in Ordnung, hier dagegen, im Land der Trucker, fegt ein rauer Wind über den Asphalt. »Manchmal kommen meilenlang wüste Beschimpfungen aus dem

Funkgerät. Das sind Typen, die hassen uns offensichtlich, die können nicht akzeptieren, dass auch Frauen Trucks fahren, das macht ihnen Angst«, erzählt Peggy. »Aber nach einer Weile schaltet sich immer ein anderer ein und droht, ihnen am nächsten Rastplatz ordentlich in den Hintern zu treten, wenn sie nicht sofort Ruhe geben. Solche Kollegen gibt's halt auch.« Nur mit ihren Codewörtern rücken die Kollegen noch zögerlich raus, aber inzwischen weiß Peggy schon eine Menge. Dass ein *alligator* ein auf der Fahrbahn liegendes Reifenteil ist, *buttermilk* Bier bedeutet, dass *clean shot* heißt: es stehen keine Polizeikontrollen an, dass ein *cowboy* ständig die Spur wechselt und ein *honeybear* einen weiblichen Polizisten meint. Um nicht als *nice seat cover* in die Annalen von KKW Trucking einzugehen, also als eine Fahrerin mit kurzem Rock oder tiefem Ausschnitt, trägt Peggy in der Arbeit ihr KKW-Polohemd und je nach Temperatur Bermudas oder lange Hosen. Aber unseren roten Truck mit der Nummer 2179 hat der CB-Funk trotzdem längst entdeckt. Zwei *chicks* in einem Führerhaus, das sieht die Truckerwelt nicht oft, diese Nachricht beherrscht den Äther auf der Interstate 15 nach Las Vegas.

Ein paar Meilen nach Pomona wartet der Anhänger mit der Ladung. Peggy lässt ihren Laster in den Hof hinter der Lagerhalle rollen. »Jedes Mal, wenn du irgendwo um die Ecke fährst, betest du, dass es keine Sackgasse ist!« 18 Räder auf kleiner Fläche wenden zu müssen, ist der Horror eines Truckers. Als einzige Freunde bleiben dann die Rückspiegel. Dreimal vor, dreimal zurück: Der leere Anhänger steht wie eine Eins rückwärts an der Laderampe. »Egal, wo du bist, sie beobachten dich immer mit diesem ›Ob-sie-das-wohl-schafft?‹-Blick. Manche Lagerarbeiter fragen dann: ›Hast du den wirklich selber hier reingefahren?‹ Und ich sag' dann: ›Nein, Scottie hat ihn reingebeamt.‹«

Peggy klettert vom Fahrersitz runter, greift sich die Handschuhe, nimmt eine s-förmige Stange, kurbelt die Metallstützen am Anhänger runter, schwingt sich hinter das Führerhaus, stöpselt Brems- und Lichtkabel auseinander, steigt wieder ein, fährt den Sattelschlepper ans andere Ende der Rampe und sucht den Anhänger mit ihrer Auftragsnummer. Dann fährt sie rückwärts ran, lässt das Ritual noch mal umgekehrt ablaufen, checkt, ob wirklich Cornflakes geladen sind, versiegelt die Türen mit einem gelben Plastikring, überprüft den Reifendruck, steigt wieder ein, zieht die Handschuhe aus, trägt die gefahrene Strecke in ihr Logbuch ein, atmet einmal tief durch und grinst: »Let's hit the road!«

Die vierhundert Kilometer bis Las Vegas führen quer durch die Mojave-Wüste, vorbei an ausgetrockneten Seen, von deren einstiger Existenz nur ein paar Schilder am Straßenrand zeugen. Peggy mag diese einsame Strecke, denn wenig Verkehr bedeutet, nach Palmen Ausschau halten zu können. »Das mach' ich am liebsten: irgendwo Ableger abschneiden, in eine Cola-Dose mit Wasser stecken und daheim einpflanzen.« Und sie genießt ihren friedlichen Führerhauskosmos: drückt die *cruise control*, dreht das Funkgerät runter und schiebt ein Krimihörbuch ins Kassettendeck. Es geht einsam zu auf dem Highway, und Einsamkeit muss man mögen, erklärt Peggy, sonst ist man aufgeschmissen. »Und du musst Geduld mitbringen, denn das halbe Truckerleben besteht aus Warten – auf Aufträge, auf die Ware, aufs Weiterkommen im Stau, auf das Ende des Schneesturms.«

Das Handy klingelt. Steve ruft an und erzählt, dass er gerade den Rasen mäht und dass sich die Vergissmeinnicht aus Oregon prächtig entwickelt haben. »Wo waren wir stehen geblieben«, fragt Peggy, »ach ja, ein Camper muss man sein. Das hier ist nichts anderes«. Sie zeigt in ihren *sleeper*, die Schlafkabine hinter ihrem Fahrersitz. Zwei Klappbetten übereinander, ein Regal, das Steve eingebaut hat, mit einem kleinen Fernseher und einem Videorekorder, jeweils mit Netzen gesichert, darunter Fächer und Schubladen mit Wäsche, Konservendosen, Fertigsuppen, Senfflaschen, Toastbrot, Straßenkarten, Videokassetten, einer Packung Aspirin, einem elektrischen Mini-Klappofen und einem tragbaren Kühlschrank, einem Wecker, einem Verteidigungsspray und der TV-Fernbedienung, auf die ein Post-it geklebt ist: »Steve loves you«, steht darauf. Und irgendwo zwischen all dem liegt das unsichtbare dicke Fell, das man als Frau in einem Truck zusätzlich braucht.

Drei Millionen Trucker fahren in den USA von Küste zu Küste, 150 arbeiten bei KKW

Trucking, zwei davon sind weiblich. Warum macht sie das, warum setzt sie sich täglich dem Druck und den Schikanen aus? Peggy zuckt die Schultern: »Ach, wenn mich jemand wieder mal nervt, dann denke ich daran, wie ich eines unserer Kinder mit dem Truck morgens in die Schule mitnehme, wie sie dabei fast platzen vor Stolz auf ihre Mum, weil ihre Freunde sie deshalb beneiden.«

Bis in die achtziger Jahre war die Zahl weiblicher Trucker kaum messbar. Erst als Präsident Reagan die Transportindustrie deregulierte und danach neue, kleine Speditionsfirmen aufmachten, die dringend Fahrer brauchten, da waren sogar Frauen recht – und vor allem billig. Inzwischen entdecken einige Unternehmen die Truckerinnen als PR-Faktor, der ihnen einen frauenfreundlichen Anstrich gibt. Oder sie merken, dass Frauen mit empfindlicher Ware wie Computern einfach vorsichtiger umgehen. Andere Branchen müssen sich erst daran gewöhnen. Einmal hat ein *lot lizard*, eine *Truck-stop*-Prostituierte, nachts an Peggys Führerhaus geklopft. »Ich glaube, sie war noch erschrockener als ich, als wir uns in die Augen sahen. Ich musste ihr gar nicht erst sagen, dass sie verschwinden soll, das hat sie von selber sofort getan«, erinnert sich Peggy, als sie ihre Cornflakes im Norden von Las Vegas abliefert.

Die Casinostadt hat den Vorteil, dass dort seit März ein ordentlicher *truck stop* mit sauberen Duschen steht. Die Zeiten sind vorbei, als es nur einen Raum mit Gemeinschaftsduschen gab und weibliche Trucker einen Kollegen finden mussten, der draußen für sie Schmiere stand. Nach einem alten *Truck-stop*-Gesetz darf, wer mindestens fünfzig Gallonen Diesel tankt, einmal gratis duschen – Handtuch und Seife inklusive. »Du schaust dabei die ganze Zeit nach dem Guckloch, du weißt genau, irgendwo muss dieses Guckloch sein, wo sie dich wieder beobachten«, sagt Peggy und lacht. Aber das soll sie erst morgen früh kümmern. Im Mini-Klappofen bruzzelt eine Lasagne, zum Nachtisch gibt's Eis aus dem *Truck-stop*-Kiosk, im Kassettenfach steckt noch ein Krimi, das Bett ist frisch bezogen. Morgen geht es zurück nach Anderson, wo vier stolze Kids, ein sehnsüchtiger Steve und ein gemähter Rasen warten.

Fat is beautiful!

Die Essgier ist zum amerikanischen Massenvergüngen geworden

Genussmenschen haben es ja gemeinhin schwer in den USA. Am Strand ein Bier trinken? Nur wenn die Flasche in einer braunen Papiertüte versteckt ist. Rauchen? Höchstens im Freien, und auch dort nur in ausgewiesenen Raucherecken. Die Beine hochlegen, Musik hören und träumen? Müßiggang hat Benjamin Franklin schon vor der Staatsgründung zur amerikanischen Todsünde erklärt. Zum Entspannen in die Sauna? Allenfalls züchtig im Badeanzug! Schweinkram? Hm, nicht jeder Staat erlaubt jede Art von Sex.

Dabei könnten Genussmenschen durchaus auf ihre Kosten kommen, würden sie sich dem Vergnügen hingeben, das weder staatlich reglementiert noch sozial geächtet ist: dem Essen. Kein Wunder, dass es immer mehr Anhänger findet. In den vergangenen Jahren ist es quasi zu einem amerikanischen Massenvergnügen geworden – mit unübersehbaren Folgen: Zwei von drei Amis sind inzwischen übergewichtig oder fettleibig. *Obese* heißt das in Amerika. Mit *obese* meint man nicht die Menschen mit dem gemütlichen Bierbauch, sondern die Gestalten, die so dicke Oberschenkel haben, dass sie sich nur noch wankend fortbewegen können oder nur mit fremder Hilfe aus ihrem Auto kommen. So begeistert sind die Amerikaner vom Futtern, dass in den vergangenen zehn Jahren ihre Fettleibigkeit um sechzig Prozent zugenommen hat. Das macht sie wieder einmal zur Nummer eins in der Welt – gefolgt übrigens von Großbritannien und Ungarn.

Das Angenehme bei der Kaloriensucht: Man riskiert nicht, mit dem Gesetz in Konflikt zu geraten. Fette und Zucker sind schließlich als Genussmittel total legal. Und deswegen rücken die Gesundheitsbehörden den Dicken allenfalls mit Diät-Tipps-Broschüren und Lebt-gesund-Appellen zu Leibe. Tatsächlich war es nie so einfach, an Informationen über gesunde Ernährung und Abnehmen zu gelangen. Aber sich in das Zeug einzulesen, heißt weniger Zeit zum Fernsehen zu haben! Und noch nie kursierten so viele Diäten, noch nie hat die Diätindustrie so viel umgesetzt, nämlich mehr als dreißig Milliarden Dollar im Jahr. Aber sie funktionieren eher selten und frustrieren nur. Immerhin hört die Lebensmittelindustrie auf die Appelle und handelt verantwortungsbewusster. Schreibt immer bunter und größer *light* oder *no fat* auf Produkte. Selber schuld, wer erst recht zugreift – und mehr davon isst als von einem normalen Produkt. Wer ahnt denn auch, dass sich *light* meistens auf die Fette bezieht, aber nicht unbedingt auf den Kaloriengehalt?!

Natürlich gibt es schlaue Menschen, die in der Essgier tiefere Ursachen sehen. Nicht die Light-Produkte verführen, sagen sie, sondern dunkle gesellschaftliche Mächte. Feministische Fett-Expertinnen etwa. Für die sind ausladende weibliche Hüften der Protest gegen eine sexistisch geprägte Gesellschaft mit Kate-Moss-Schönheitsideal. Auch die Pilgerväter und -mütter müssen herhalten. Sie haben ihren Nachfahren schließlich den Puritanismus vererbt: Für verklemmte, sexängstliche Amis ist Futtern eine orale Ersatzbefriedigung und die Wampe ein angefressener Keuschheitsgürtel. Die »Enzyklopädie des psychologischen und sozialen Verhaltens« schreibt von einem körpereigenen Schutzwall gegen die allgemeinen Herausforderungen des Lebens; denn von fetten Menschen werde weniger erwartet, weil man sie gemeinhin für träge, faul oder gar dumm halte. Und da das Gros der Fetten aus den unteren, ergo ärmeren Schichten stammt, sehen die Neomarxisten in der Epidemie einen Unterdrückungsmechanismus von amerikanischem Großkapital plus Lebensmittelindustrie: Ein Arbeiter, der sich wegen seines Körperumfangs nur mit Mühe aus dem Fernsehsessel stemmen kann, wird sich kaum zu einem Protestmarsch aufraffen, um höheren Lohn einzufordern. Niederdrückung durch Schwerkraft. Schlemmerei, der moderne Feind des Sozialismus!

Alles Nonsens. Essen ist vor allem eines: basisdemokratisch. Willkommen im Club! Jeder darf mitmachen. Besonders die gesellschaftlichen Gruppen, denen lange Zeit der Zutritt zur Mittelschicht verwehrt war, Schwarze und Hispanics. Die gesellen sich mit Begeisterung dazu. Und für Nachwuchs ist gesorgt, schließlich gelten 22 Prozent der schwarzen und 25 Prozent der hispanischen Kinder als übergewichtig. Die zwölf Prozent der Weißen werden sicherlich bald aufholen. In kaum einem Land wird es einem schließlich leichter gemacht, ständig Nahrung in sich reinzustopfen, als in den USA. Amerika hat 24 Stunden am Tag geöffnet, jeder Supermarkt, jede Drogerie, jede Tankstelle bietet rund um die Uhr Hotdogs, Burger oder Pommes an. Hungergefühle haben erst gar keine Chance gegen die Allgegenwart von Fastfood-Restaurants. Bei McDonald's und Co. lohnt sich die Völlerei doch erst. Mit Kleinkram gibt sich dort niemand mehr ab: *small* findet sich kaum noch auf den Menütafeln, die kleinste Einheit heißt längst *medium,* steigert sich zu *large* und *x-large.* Letztere bietet das beste Preis-Leistungsverhältnis. Wer läppische 59 oder 79 Cents drauflegt, kann sein Menü in *supersize* haben, und damit auch superkalorienreich.

Auch die notorisch wirtschaftlich Benachteiligten kommen endlich zum Zug. Denn Essen ist in den USA heute so billig wie selten: Vor sechzig Jahren mussten die Amerikaner noch 21 Prozent ihres Einkommens dafür aufbringen, heute sind es nur noch elf Prozent. Da funktionieren die bekannten Marktmechanismen: Je günstiger das Angebot, desto größer die Nachfrage. Und je abwechslungsreicher das Essensangebot, desto verführerischer, sagen Ernährungswissenschaftler. Wer in der *food mall* seines Bürokomplexes täglich die Auswahl zwischen Lasagne, Sushi, Fajitas, Moussaka, Taboulé, Frühlingsrollen und Spare Ribs hat, schaufelt mehr rein. Danke, Einwandererland USA.

Aber wie in den vergangenen Jahren beim Rauchen, taucht auch jetzt wieder jemand auf, der allen den Spaß verderben will. David Satcher, der oberste Arzt des Landes, hat Alarm geschlagen, spricht von einer Epidemie. Fettleibigkeit mit all ihren gesundheitsschädlichen Folgen solle als Krankheit eingestuft werden, fordert Satcher in seinem 59 Seiten dicken »Aktion zur Prävention«-Bericht über die Unersättlichkeit seiner Landsleute. Die 1200 Amerikaner, die täglich an den Folgen ihres Übergewichts sterben, haben ihn wohl aufgeschreckt. Im Jahr macht das dreihunderttausend Tote und Fettleibigkeit zum zweithäufigsten Killer nach dem Nikotin. Oder die Tatsache, dass Diabetes in den neunziger Jahren um 33 Prozent zugenommen hat. Und dann sind da noch die 117 Milliarden Dollar, die die Dicken die Krankenkassen im Jahr kosten.

Satcher will deswegen mehr Sportplätze, Gehwege und Jogging-Pfade bauen lassen, Obst und Gemüse subventionieren, dafür eine Steuer auf Zucker erheben. Gemeine Idee! Das wahre Glück ist ein glasierter Sechshundert-Kalorien-Donut, das weiß selbst Homer Simpson. Und das Streben nach Glück garantiert die Verfassung.

Überhaupt – mehr Gehwege! Die benutzt doch eh kaum noch jemand. Deswegen planen die *suburbs* sie schon lange nicht mehr ein. Den Hund kann man ja zum nächsten Park fahren und ihm dort beim Beinheben zuschauen. Es gibt den täglichen Gang zum Auto und von der

Tiefgarage zum Bürolift und zurück, das muss reichen. Soll der Rest der Welt doch an den allmorgendlichen US-Jogger glauben! Alles Humbug, alles ein Hollywood- und Werbemythos. Diejenigen, die regelmäßig Sport treiben, sind eine Minderheit und für den Rest der Nation keineswegs repräsentativ. Nur 31 der 281 Millionen Amis besuchen ein Fitnesscenter. Aber kurios ist es schon, dass sich die Esslust ausgerechnet in den neunziger Jahren breit gemacht hat. In dem Jahrzehnt also, in dem sich die Amis obsessiv Körper und Gesundheit widmeten. Schwitzen gerät allerdings zum Luxus: Früher wurden die Menschen dafür bezahlt, ihre Muskeln zu bewegen. Heute müssen sie dafür zahlen, ihre Muskeln zu bewegen. Richard Klein spricht daher von einer »nationalen Essstörung«. »Fettleibigkeit ist ein Preis, den die Menschheit für die Zivilisation zahlt«, schreibt er in seinem Buch »Eat Fat«. Unser Körper speichert übermäßige Kalorien für schlechte Zeiten. Die gibt es bei uns nicht mehr, aber die Evolution hat unsere Körper weiter auf Speichern programmiert.

Mag sich also eine Minderheit ruhig auf dem *stairmaster* verausgaben, die Mehrheit reagiert auf solchen Narzissmus mit Kopfschütteln und wendet sich wieder dem allabendlichen Tiefkühl-Mikrowellen-TV-Dinner auf dem Wohnzimmersofa zu. Wozu gibt es Interessenvertretungen? Die NAAFA etwa, die kämpft vom kalifornischen Sacramento aus für die Rechte ihrer Mitglieder. NAAFA steht für *National Asso-*

ciation to Advance Fat Acceptance. Oder Konkurrenzorganisationen wie die Belly-Builder, die Bauch-Bauer. Die zeigen Verständnis für den modernen Genussmenschen.

Es braucht solche Fettaktivisten. Sie halfen, die Neunziger zu einem Zeitalter grenzenloser Toleranz auszubauen. Jede soziale Eigenart war zu akzeptieren. Ob man sich auf die ethnische Herkunft, auf Religion, Alter, Behinderung oder sexuelle Orientierung berief – jede Minderheit bedurfte besonderen Respekts und eines Sprachrohrs. So war doch die Abmachung. Auch die Übergewichtigen, die – noch – eine Minderheit bilden. Es gilt, Wabbelbäuchen das Stigma von Charakterschwäche zu nehmen, einen schlanken Körper nicht mehr als Kennzeichen für einen disziplinierten Lebensstil zu sehen. Vielmehr muss man, wie allen anderen Minoritäten auch, Dicken das Leben so angenehm wie möglich gestalten.

Die Industrie findet diese Idee übrigens prima. Sie überzeugte zum Beispiel die New Yorker U-Bahn-Betreiber, neue Bänke für ihre Züge zu ordern, die keine Vertiefungen mehr haben und damit gesäßgrößenneutral sind. Die alten waren von Japanern mit kleinen Hinterteilen konstruiert worden. Kino- und Theaterhäuser bauen jetzt 53 Zentimeter breite Sitze statt der bisher üblichen 45 Zentimeter ein. Als Betreiber weiß man ja nie, wann die NAAFA wieder mit einer Gerichtsklage droht. Und die Boutiquenkette Ann Tyler hatte unlängst auch ein Einsehen: Sie war auf ihren knapp geschnittenen Hosenanzügen und Pullis der letzten Sommermode sitzen geblieben. Also wandte sie sich in einem Entschuldigungsbrief an ihre Kunden und versprach Textilien mit »mehr Raum zum Atmen« und »schmeichelnderer Taille«.

Die Normen passen sich den Dicken an – nicht umgekehrt. Die Dicken gelten inzwischen nicht mehr als dick, sondern die Normalgewichtigen als dünn, und das ist gut so. Denn was zwangsnormalisiert ist, kann nicht länger Stein des Anstoßes sein. Kritik am Ernährungsverhalten der Dicken ist Gott sei dank längst tabu, ein politisch korrektes Regelwerk schützt sie vor Spott. Wer würde es noch wagen, Witze über die *fatties* zu reißen? Man outet sich doch als hoffnungslos unsensibel. Ein verlogenes Selbstbewusstsein ist immer noch besser als ein gesundes Schamgefühl. Nein, die dicke Gesellschaft besteht auf Bezeichnungen wie *large*, *strong* oder *horizontaly challenged*, horizontal herausgefordert. Das klingt doch gleich viel freundlicher, das erleichtert das Miteinander. Egal, ob ein Schleier von Euphemismen die Fettsucht versteckt und damit die Gefahren für die Gesundheit, die Kosten für die Allgemeinheit und die Chance, das Problem offen zu bekämpfen, zudeckt. *Fat is beautiful* zu skandieren, fällt leichter, als sich zu einer Diät durchzuringen.

Offenheit führt nämlich nicht weiter, allenfalls vor Gericht. Wie in San Francisco. Dort wurde es in den vergangenen Jahren verboten, Menschen aufgrund ihres Körpergewichts zu benachteiligen. Jawohl! Ein weiterer Etappensieg für die NAAFA. »Wir brauchen keine Diät«, meint NAAFA-Vorsitzende Marilyn Wann, »wir brauchen ein Ende der Diskriminierung!« Die Frau engagiert sich wenigstens – ruft ihre Mitglieder auf, gegen Autohersteller zu klagen, deren Sitzgurte für einen NAAFAler zu kurz geraten sind. Überhaupt setzt sich die NAAFA wirklich für den modernen Genussmenschen ein, hat immer gute Tipps parat, zum Beispiel für Flugreisen: »Erklären Sie dem Personal Ihre Bedürfnisse«, steht da in einem ihrer Faltblätter. »Bitten Sie beim Buchen darum, dass der Sitz neben Ihnen frei bleibt. Boarden Sie vor den Massen, zusammen mit Familien mit kleinen Kindern, damit Ihnen ausreichend Zeit bleibt. Benutzen Sie vorher die Flughafentoiletten und vergewissern Sie sich, dass es behindertengerechte Toiletten auf Ihrem Flug gibt. Bei langen Wegen zwischen Check-In und Gate fragen Sie nach einem Rollstuhl oder der elektrischen Flughafentram.«

Aber es gibt immer noch Zeitgenossen, die schwimmen gegen den Strom, die wollen dieser Konsensgesellschaft partout nicht angehören. Shallow etwa, 28 Jahre alt, wendet sich an Dan, den Sorgenonkel eines Washingtoner Stadtmagazins, weil seine 26-jährige Freundin immer fetter wird, er sich langsam vor ihr ekelt, sich ihr das aber nicht zu sagen traut, weil er sich für diesen Ekel schämt. Und Dan antwortet: »Gib ihr den Laufpass – ohne Schuldgefühle! Wer nicht auf sich selber achtet, verdient es auch nicht, von anderen geachtet zu werden.« Dan verbindet übrigens wegen seiner zwanghaften Offenheit eine Hassliebe mit seinen Lesern. Weiter schreibt er: »Ich weiß, ich werde jetzt Hunderte von Briefen und E-Mails von Amateurpsychologen bekommen, die mich dafür verdammen, weil ich dich nicht darauf hingewiesen habe, dass du jetzt erst recht deiner Freundin ›beistehen‹ und ihre inneren Werte suchen musst. *Fuck that*!« Statt Proteste hagelte es in der nächsten Ausgabe übrigens Applaus.

Wo sich Verbrechen lohnt

Wie eine kalifornische Wüstenkleinstadt von strengeren Gesetzen und härteren Urteilen profitiert

Es wird nur wenige Menschen geben, die jedes Mal frohlocken, wenn sie einen Drogeriemarkt sehen. Jack Stewart ist so ein Mensch. Wenn der Stadtdirektor seine Augen vom Computer weg nach links aus dem Fenster wendet, dann schaut er auf einen Rite Aid Drug Store. Die Drogeriekette ist zwar über die gesamten USA verstreut. Aber immer wenn Jack Stewart aus seinem Bürofenster rüberblickt auf die andere Seite des Hacienda Boulevard, ist er verdammt stolz, dass seine Stadt seit drei Jahren auch eine dieser Filialen hat. Der unscheinbare Zweckflachbau steht für Erfolg, und Erfolg war California City in seiner jungen Geschichte bis dato kaum beschieden.

Cal City, wie es Insider nennen, liegt zweieinhalb Autostunden nordöstlich von Los Angeles, in der Mojave Wüste: Hinter LA immer geradeaus, dann zweimal rechts abbiegen – es gibt hier zu wenige Straßen, um Cal City zu verfehlen. Seit November 1965 ist die Kleinstadt offiziell auf der Landkarte verzeichnet. Die wenigen Wohnpioniere, die sich in den fünfziger Jahren hier zwischen den Baumwollfeldern niedergelassen hatten, waren erfolgreich gewesen mit ihrem Antrag auf Gemeindegründung. Baumwolle zu pflücken lohnte sich schon bald nicht mehr. Dafür hatte die Edwards Air Force Base zwölf Meilen östlich den Bewohnern etwas zu bieten: Flugzeuge der amerikanischen Luftwaffe testen und warten – zumindest bis zum Ende des Kalten Krieges. Der beispiellose Wirtschaftsboom in den neunziger Jahren allerdings konnte sich auf dem staubigen Brachland zwischen den verstreut liegenden Pressholzhäusern nicht verfangen. Viele Cal Citianer zogen fort, ein paar versuchten es mit einem eigenen Business: Mom's Kitchen, dem Discount-Lebensmittelhändler, oder Looking Good, dem »Friseursalon für die ganze Familie«. Regionale oder gar landesweite Ketten wären nie auf die Idee gekommen, sich in einem Wüstenkaff ohne Kaufkraft niederzulassen. Auf deren Landkarten exisierte Cal City nicht.

Dann hatten Stadtdirektor Jack Stewart und Bürgermeister Larry Adams eine Idee: Sie wurde im November 1999 Realität und steht gut zehn Autominuten vom Rathaus entfernt, zwischen ein paar Kakteen und Wüstengestrüpp. Die Adresse: »22844 Virginia Boulevard«, auch wenn die Unschuld hier keineswegs zu Hause ist. Die 2304 Männer, die hier leben, haben vor allem zwei Dinge gemeinsam: Sie sind schuldig im Namen der US-Gesetze, und ihre Existenz im California City Correctional Center beschert der Gemeinde einen traumhaften Wirtschaftsaufschwung. »Das Gefängnis ist unser größter Arbeitgeber«, sagt der Bürgermeister, »und unser größter Steuerzahler.«

In Zahlen sieht das so aus: 550 Personen arbeiten als Wachleute, Lehrer und Köche im Gefängnis, die Hälfte stammt aus Cal City, der Rest aus dem Landkreis. Larry Adams hat sogar Mitarbeiter verloren: Die 18 Dollar Stundenlohn im Gefängnis sind einfach verlockender als die zehn Dollar fünfzig, die die Gemeinde im Schnitt zahlt. Die Arbeitslosenquote sei seit 1999 von zwölf auf neun Prozent gefallen, berichtet der Bürgermeister stolz. »Zurzeit sind bei uns knapp dreihundert Leute ohne Arbeit, aber das sind Leute, die immer irgendwelche Probleme haben, die dauernd ihren Job verlieren oder einfach nicht arbeiten wollen. Im Grunde haben wir Vollbeschäftigung.« Das Gefängnis pumpt im Jahr 22 Millionen Dollar Kaufkraft in Form von Gehältern nach Kern County, den Landkreis, sowie 1,1 Millionen Dollar Landkreis- und Gemeindesteuern. Dazu kommen Grundsteuer und Gebühren für Abfall, Abwasser und dergleichen, die die Stadt den Betreibern in Rechnung stellt. Das ist aber noch nicht alles: Da das Gefängnis innerhalb der Stadtgrenzen liegt, zählen die 2304 Insassen als Einwohner. Die Folge: Nächstes Jahr bekommt Cal City höhere Zuschüsse aus der kalifornischen Hauptstadt Sacramento und der Bundeshauptstadt Washington für den Straßenbau oder Schulen. Die berechnen sich nämlich unter anderem nach der Einwohnerzahl.

Dieser Boom lockt an: Inzwischen sind so viele nach Cal City (zurück-)gezogen, dass die Gemeinde die Einwohnerzahl auf dem Ortsschild immer wieder korrigieren muss. Momentan klebt »Population 11450« über dem ursprünglichen »Population 8500«, dem Stand von 1999 – wobei die Häftlinge noch gar nicht vollständig erfasst sind. »Dauernd das Schild zu erneuern, käme viel zu teuer«, meint Bill Tucker, der Kämmerer. Nein, er hat Ehrgeizigeres mit dem Dollarsegen vor – die Liste der geplanten Projekte, die der Drucker in Jack Stewarts Büro ausspuckt, will nach drei Seiten immer noch kein Ende nehmen. Eine *high school* soll demnächst neben der *middle school* gebaut werden. Bisher müssen die Schüler nach der neunten Klasse die zwölf Meilen nach Mojave fahren. Der Bauplatz für zwei Hotels ist ausgewiesen, ein neuer Gemeindewassertank steht an. Der Gemeinderat will das Altersheim renovieren und erweitern, eine Shoppingmeile soll entstehen, die Schotterpisten am Stadtrand sollen asphaltiert werden, alle anderen Straßen kriegen zusätzlich Radwege und einen neuen Belag.

Der Virginia Boulevard braucht vorerst keinen neuen Asphalt. Die Zufahrtsstraße zum Gefängnis hat noch immer ihr jungfräuliches Schwarz – nur die Angestellten benutzen sie zum Schichtwechsel und die paar Lieferfahrzeuge. Zweihundert Meter vor dem Haupteingang prangt ein knallrotes CCA-Logo über dem *California City Correctional Center* auf dem blitzblanken grauen Steinquader. Nachts beleuchten ihn zwei Strahler von unten. CCA steht für »Corrections Corporation of America«, den größten privaten Gefängnisbetreiber der USA mit Sitz in Nashville, Tennessee. 64 Haftanstalten, 55.000 Gefangene und 15.000 Angestellte stehen unter den Fittichen der Aktiengesellschaft. CCA und andere kommerzielle Gefängnisfirmen gehören zu den Profiteuren eines anderen amerikanischen Booms der vergangenen Jahre: Die Zahl der Gefängnisinsassen hat sich seit 1980 verdreifacht und bei zwei Millionen eingependelt. Strengere Gesetze, härtere Urteile und längere Haftzeiten haben allein in Kalifornien die Kriminalitätsrate um 41 Prozent zurückgehen lassen, dafür explodierte die Zahl der Insassen. Auch die 528.000 Betten in den neuen Gefängnissen, die die Staaten in den neunziger Jahren bauten, waren schnell überbelegt. Das roch nach Marktlücke, die gewiefte Unternehmer auch sofort besetzten. Sie warben mit kürzeren Bauzeiten, höheren Sicherheitsstandards und niedrigeren Betriebskosten für ihre »Gefangenenbetreuungsdienste«. Als dann auch noch eine von der Legislative in Florida in Auftrag gegebene Studie ergab, dass die Ausbruchs- und Rückfallquote bei den privaten sehr viel niedriger liegt, hatten es die bürokratisch-schwerfälligen staatlichen *prisons* endgültig mit einer Konkurrenz zu tun. Die kanalisiert nicht nur die Gefangenenströme der fünfzig Bundesstaaten, sondern gilt längst als Wirtschaftsmotor in Nestern wie Ionia in Michigan, Florence in Arizona, Sayre in Oklahoma oder eben California City. Großstädte wie New York oder Washington schicken ihre Gefangenen inzwischen buchstäblich in die Wüste. Im »weißen« Florence zum Beispiel hat sich die Zahl der Schwarzen in kurzer Zeit auf 1500 verdoppelt, weil Verurteilte aus der Hauptstadt Washington hierher gebracht wurden.

Bestrafung ist zur Wachstumsindustrie in wirtschaftlich rückständigen Regionen der USA geworden. »Ein Gefängnis ist die rezessionsbeständigste Investition, die ich mir vorstellen kann«, meint Jack Stewart. 112 Millionen Dollar Baukosten plus 1,6 Millionen für den Abwasserkanal hat CCA in das Cal-City-Projekt gesteckt. 98 Prozent der Einwohner stimmten für das Gefängnis, weil CCA zum Beispiel jährlich Grundsteuer zahlen muss, die ein staatliches Gefängnis nicht zahlen müsste – und weil der Vertrag keine Gewaltverbrecher vorsieht. Trotzdem ist das Correctional Center als Hochsicherheitsgefängnis angelegt – falls ein Nachfolgevertrag doch harte Jungs vorsehen sollte: Statt vergitterter Zellenfenster, die man aufsägen könnte, zwanzig Zentimeter breite Schlitze, die von draußen wie Schießscharten aussehen, ein vier Meter hoher, rasiermesserdraht-gekrönter Zaun, ein paar Meter weiter ein zweiter Zaun, dann Stahltür, Pförtner, Metalldetektor, Stahltür – rein kommt man ebenso schwer wie raus.

Es ist ein besonderes Gefängnis: Hier sitzen nur »illegale Ausländer« mit leichten bis mittleren Delikten. Der Durchschnitt: zwei Jahre Haft. »Die meisten stammen aus Mexiko und sind arme Schweine«, sagt der *warden*, der Gefängnisdirektor, Percy Pitzer. »In Mexiko ist die Lage für sie hoffnungslos, hier versuchen sie sich durchzuschlagen, geraten auf die schiefe Bahn, versuchen es mit ein bisschen Drogenhandel oder klauen was, werden erwischt.« Sie profitieren zwar nicht von den neuen Bauprojekten in und um Cal City, haben aber trotzdem Schwein. Sie können frei herumlaufen, die Wachleute haben keine Schusswaffen, dafür Spanischkenntnisse. »Sie können machen, was Sie wollen«, sagt Pitzer, »ihnen die Hand schütteln, ihnen Fragen stellen, gehen Sie in irgendwelche Zellen.« So liberal hat man sich den *warden* nicht vorgestellt. Vietnamkämpfer, 25 Jahre Aufseher in staatlichen Gefängnissen, vor drei Jahren zu CCA gewechselt. Warum? »Hier kann ich meine Ideen besser umsetzen«, meint der kleine, schnauzbärtige Mann mit ruhiger, fast sanfter Stimme. Und diese Ideen wollen so gar nicht dem Klischee eines Vietnamveteranen und Langzeit-Gefängnisdirektors entsprechen. Die Rückfallquote soll bei ihm nicht niedrig, sondern nichtig sein. »Ich will keinen von denen nach der Entlassung wiedersehen«, sagt Pitzer.

Deswegen sieht es hier eher aus wie in einer Grundschule als in einer Haftanstalt. In den Gemeinschaftsräumen hängen bunte Poster, auf denen das Alphabet gemalt ist. Weiterbildung muss stattfinden, das verlangen die staatlichen Auflagen. Aber in Percy Pitzers Festung soll sie auch etwas bringen. Statt Nummernschilder gerade zu biegen, büffeln die Häftlinge über einem englischen Diktat. »Die meisten sind Analphabeten, haben in ihren Heimatländern nur zwei oder drei Jahre eine Schule besucht. Hier können sie sogar einen Schulabschluss machen, der in Mexiko anerkannt wird.« Deswegen arbeitet Pitzer mit mexikanischen Firmen zusammen, an die er die Entlassenen zu vermitteln versucht. Wer seine Zeit abgesessen hat, den muss er den Einwanderungsbehörden übergeben. Die bringen die »Illegalen« über die mexikanische Grenze zurück. Dort sollen sie dann Arbeit haben und nicht am nächsten Tag wieder über den Grenzzaun nach Norden klettern.

Vier Jahre hat Jacks und Larrys Kampf gegen die kalifornische und die amerikanische Bürokratie gedauert. Dutzende Besuche bei Politikern in Sacramento waren notwendig, bis California City die Zusage für den Bau eines Gefängnisses erhielt. Auf den Vertrag für ein staatliches Gefängnis würde der Gemeinderat vermutlich noch heute warten. Das Abkommen zwischen den Bundesbehörden und CCA brachte Adams schnell über die Bühne. Zehn Jahre läuft der Deal mit der Betreibergesellschaft. Der Vertrag habe wie ein »Sesam, öffne dich« gewirkt, schwärmt Jack Stewart. Gleich neben der Rite Aid Drogerie mit ihren zwanzig Angestellten hat ein McDonald's aufgemacht, ein bisschen weiter den Hacienda Boulevard runter steht eine funkelnagelneue Chevron-Tankstelle; mehrere Immobilienmakler finden California City inzwischen so interessant, dass sie sich hier niedergelassen haben. Soll noch mal jemand sagen, Verbrechen lohne sich nicht.

Fahren Sie nicht wie mein Bruder!

Schlechte Beratung rund ums Auto macht die Radioshow »Car Talk« zur Kultsendung

William Burtons Leben in der Kleinstadt Joplin im Bundesstaat Missouri mitten im Mittleren Westen der USA verlief in friedlichen und geordneten Bahnen bis zu jenem Oktobertag, an dem er in seinem *pick-up truck* mit seiner Dogge Moses auf dem Beifahrersitz die lange, holprige Landstraße Richtung Neosho entlangfuhr, die so lang und so holprig war, dass Moses schließlich auf die Lüftung kotzte. Der Gestank, der sich breit machte, war erstens unerträglich und zweitens von einem Laien nicht zu beseitigen. Drittens wollte kein Mechaniker im weiten Umkreis von Joplin sich des ekligen Problems annehmen, ohne mehrere hundert Dollar dafür zu verlangen. Alles, was William Burton blieb, war, einen Käufer mit starkem Schnupfen zu finden oder den Truck zu verschrotten. Oder die gebührenfreie Nummer 1-800-332-9287 in Boston zu wählen. Das tat der geplagte Mann schließlich, und es meldeten sich zwei Brüder, Tom und Ray Magliozzi, denen er seine Geschichte erzählte. Die schlugen sich erst einmal minutenlang auf die Schenkel. Aber dann erklärten sie William detailiert, wie er das Handschuhfach in seinem Wagen ausbauen, den Schlauch, der zur Lüftung führt, freilegen und dann Wasser zum

Säubern einspritzen könne. Und wo es Spucktüten für Hunde zu kaufen gibt.

Zusammen mit den Magliozzis haben sich zwei Millionen Radiohörer amüsiert; denn der 64-jährige Tom und sein 52-jähriger Bruder Ray moderieren eine der erfolgreichsten und populärsten Radioshows der USA: »Car Talk«. Einmal in der Woche geben die beiden Hobby-Kfz-Mechaniker verzweifelten Autobesitzern Erste Hilfe über den Äther. Aber es hören keineswegs nur ölverschmierte Freizeitmechaniker zu, die jedes Wochenende unter der Kühlerhaube verbringen. Im Gegenteil: Selbst Autobanausen bekennen sich zum regelmäßigen »Car-Talk«-Hören und in New York, einer Stadt mit vergleichsweise wenig Autobesitzern, zählt »Car Talk« zu den drei beliebtesten Radioshows. Manche rufen an, weil sie tatsächlich einen technischen Rat brauchen, andere wollen einfach etwas zum Lachen. Natürlich muss eine Sendung in den USA erfolgreich sein, die sich um die nationale Ikone Auto dreht. Aber Tom und Ray, oder Click und Clack, wie sie sich nach dem Geräusch eines defekten Motors nennen, drehen die Sache weiter. Sie sind Moderatoren, Kfz-Mechaniker, Philosophen, Psychotherapeuten und Clowns in zwei Personen. Klemmende Scheibenwischer oder verbogene Radkappen werden erst dann interessant, wenn sie sie mit süffisanten Kommentaren über das Eheleben des Anrufers, die Herkunft seines Vornamens, den Intelligenzquotienten New Yorker Polizisten oder die politischen Veränderungen in Osteuropa anreichern können. Die Koexistenz von Mensch und defekter Maschine, das reizt sie. Das Ganze hat als Improvisation angefangen – und ist es im Grunde bis heute geblieben. Als WBUR, ein kleiner Sender in Boston, 1976 mehrere Kfz-Mechaniker zu einer Podiumsdiskussion einlud, war Tom Magliozzi der einzige, der auftauchte. Er war so schlagfertig, dass er ein zweites Mal eingeladen wurde. Diesmal brachte er seinen kleinen Bruder mit – und »Car Talk« war geboren. »Zwei Leute riefen an, drei Fragen wurden gestellt, die wir anderthalb Stunden lang falsch beantwortet haben«, erinnert sich Ray. Trotzdem: Boston hatte bald seine Kultmoderatoren, und seit Herbst 1987 hat sie die ganze Nation; denn seit damals verteilt *National Public Radio* die Show via Satellit an vierhundert angeschlossene lokale Radiostationen – »wahrscheinlich, um ihr Qualitätsprogramm mit unserem Schrott auszugleichen«, mutmaßt Ray. »Car Talk« gibt es mittlerweile in zweihundert Zeitungen als Kolumne, die besten Gags sind als Buch erschienen und die Show wurde mit dem begehrten Peabody-Preis ausgezeichnet.

Weder Click noch Clack, deren Großeltern einst aus Neapel nach Amerika auswanderten, hatten jemals eine Radiokarriere im Sinn. Beide sind Absolventen des renommierten Massachusetts Institute of Technology. Tom hat die Universität sogar als Doktor verlassen. Seit 1973 analysieren sie Autos und Autofahrer. Damals begannen sie mit einer *Do-it-yourself*-Werkstatt und stellten Amateuren gegen Gebühr Platz,

Werkzeug und ihr Know-how zur Verfügung. Ray betreibt nach wie vor die Garage, inzwischen dauert es Wochen, bis man einen Termin bekommt. Tom unterrichtet Marketing an der Boston University. Er ist der Zyniker des Duos. Mit seiner tiefen, sonoren Stimme gratuliert er den Hörern am Ende, dass sie »wieder eine kostbare Stunde ihres Lebens mit ›Car Talk‹ verschwendet« haben. Ray spielt den Part des freundlichen Vernunftmenschen, der die Anrufer immer mal wieder warnt: »Und fahren Sie nicht wie mein Bruder!«

Der Run auf »Car Talk Plaza«, wie die Produktionsstätte offiziell heißt, ist enorm. Tausende problembewusste Autobesitzer sprechen jeden Monat auf den Anrufbeantworter. Ken, einer der beiden Produzenten, wählt ein gutes Dutzend so aus, dass die technischen Fragen gut mit anderen gemischt sind, dass Frauen die Hälfte der Anrufer stellen und dass keine Region in den USA vernachlässigt wird. Tom und Ray haben zu Beginn der Show keinen Schimmer, welche Anrufer sie mit welchen Fragen erwarten – Spontaneität ist alles. »Unsere Vorbereitung besteht darin, drei Minuten vor Beginn im Studio aufzukreuzen und die kleinen Zettel mit den Vorschlägen unseres Produzenten zur Professionalisierung der Show zu ignorieren«, sagt Ray. Einmal die Woche wird produziert. Danach verschwindet Ray wieder in seiner Garage, Tom im Hörsaal und Ken im Schneideraum. Zwanzig bis dreißig Prozent der Produktion landen im Abfall. Dazu gehört die

Anruferin, die plötzlich mittendrin erzählt, dass sie gerade unbekleidet im Wohnzimmer sitzt.

Die größte Sorge der Brüder sind aber weniger nackte Anruferinnen als Kfz-Probleme, die selbst sie nicht lösen können. Paul aus Bartow in Pennsylvania etwa erzählte von den kaputten elektrischen Bremsen seines Kuhtransporters. Nach ein paar Minuten Bremsen-Philosophie sagt Tom: »Paul, wir haben keine Ahnung, wovon wir sprechen. Warum lässt du deine Kühe nicht einfach zu Fuß gehen?« Aber meistens können sie helfen. Zum Beispiel, als ein Vater berichtet, dass seine Tochter kürzlich ihren Namen mit einem spitzen Stein in seinen Wagen gekratzt hat. »Auf welche *high school* geht ihre Tochter?«, fragt Ray. »Sie ist drei!«, antwortet der Vater. – »Und kann schon ihren Namen schreiben??!!« Natürlich folgt eine ausgedehnte Diskussion zwischen Tom und Ray über Sinn und Zweck von Vorschulen und über Defizite des amerikanischen Bildungssystems, bis sich der Vater mit seinen Lackkratzern in ihr Bewusstsein zurückräuspert und Produzent Doug Berman jenseits der Glasscheibe mit seinem »Beantwortet die verdammte Frage!!«-Pappschild wedelt, das Click und Clack so gerne ignorieren. Kein Problem für Tom: »Überkleben Sie die Kratzer doch mit ›Car-Talk‹-Stickern!« Es sind Antworten wie diese, die Doug Berman wieder einmal verzweifeln lassen – und die Einschaltquote nach oben treiben.

Der große Whiskey des kleinen Jack

Jack Daniel's, Lynchburg, Tennessee: Wo Alkohol destilliert, aber nicht öffentlich getrunken werden darf

Lynne Tolley könnte den schönsten Job der Welt haben, würde ihn ihr das Pendleton-Gesetz nicht jeden Freitag vermasseln. Dann nämlich taucht die Lynchburgerin eine Kelle in einen riesigen Whiskeybottich, nimmt einen Schluck, rollt ihn ein paar Mal über die Zunge, presst ihn an den Gaumen und zuzelt ihn durch die Schneidezähne. Kurz vor der Gurgel ist für die Whiskeytesterin der Spaß allerdings zu Ende. Pendleton verbietet es nämlich den Menschen hier in Moore County, öffentlich Alkohol zu trinken. Das Gesetz macht das Leben in und um Lynchburg ziemlich paradox, aber im Grund ist die Geschichte dieser ältesten und erfolgreichsten amerikanischen Destille voller Paradoxien. Eigentlich müsste ihr Whiskey, der zu den dreißig meistverkauften Spirituosen der Welt zählt, längst aus den Regalen verschwunden und sein Begründer, Jack Daniel, längst in Vergessenheit geraten sein; denn eigentlich bieten die Umstände hier nicht die mindesten Aussichten auf Erfolg.

Allein der Ort! Zwei Deserteure ließ der General und spätere US-Präsident Andrew Jackson hier 1814 an einem Baum hängen, später wurden

Schurken an die tief hängenden Äste gefesselt und ausgepeitscht. Aus dem »Lynching Tree« entstand irgendwann »Lynchburg«. Heute ist der Ortsname osmotisch mit der Destille verbunden: »Jack Daniel's, Lynchburg, Tennessee« passt genau in einen Atemzug. Dabei heißt der Whiskey, und wir sprechen hier von »Whiskey« mit e, nicht vom schottischen oder kanadischen »Whisky«, eigentlich »Jack Daniel's Old Time Quality Tennessee Sour Mash Whiskey«. Ein Name, so lang, dass er sein Eitkett von oben bis unten braucht und deswegen auf mehrere Zeilen verteilt ist, was das ohnehin schon antiquiert-verschnörkelte Label nur noch unübersichtlicher macht. Schon solche Handicaps müssten jeden Marketingexperten dazu bringen, seine *flipcharts* zusammenzupacken und schreiend aus dem Büro von Roger Brashears zu rennen.

Mister Brashears – »Call me Roger!« – also, Roger nennt sich selber den obersten Lakaien der Jack Daniel's Destille. Offiziell ist er PR-Mann und Pressesprecher, auf jeden Fall die perfekte Besetzung dieses Postens, weil er den Jack-Daniel's-Mythos ein- und ausatmet. Eine von Rogers Devisen lautet: *Never kick a pulling mule!*, was frei übersetzt bedeutet »Greif nicht ein, wenn etwas läuft«. Und dann erzählt er von der Filmproduzentin, die bei ihm anrief und fragte, ob er ihr für eine Filmszene, die um die Jahrhundertwende spielt, eine Jack-Daniel's-Flasche aus einem Museum leihen könne. »Da habe ich zu ihr gesagt: Kaufen Sie sich einfach eine im nächsten *liquor store*. Die Flasche sieht heute genauso aus, wie sie immer ausgesehen hat.«

Das gilt auch für das Büro des 62-Jährigen mit dem typischen Bürstenschnitt eines Südstaaten-*rednecks*. Aus dem Meer von Briefen, Broschüren, Zeitungen, Bleistiften und Notizzetteln auf seinem Schreibtisch ragen nur drei große, von Kippen überquellende Aschenbecher wie Inseln hervor. Einen Computer gibt es nicht, und das erklärt Roger mit seiner zweiten Devise: »Wenn es für Mr. Jack gut war, ist es auch für uns gut.« Und zu Zeiten von Mr. Jack – wie sie den großen Begründer hier in einer Mischung aus Südstaatenmanier und Ehrfurcht nennen – gab es eben keine Computer. Nein, als der vor 150 Jahren als letztes von zehn Kindern in jene walisisch-stämmige Familie geboren wurde, gab es in dieser Gegend vor allem viele irische und schottische Einwanderer, viel Getreideanbau und viel Armut, also die idealen Voraussetzungen zum Whiskeybrennen. Klein-Jack lernte das schon mit sieben, als er in die Obhut eines Wanderpredigers und Schwarzbrenners kam. Der überließ später dem 13-jährigen Destillateur das Geschäft, und Jack bewies gleich seinen Geschäftssinn, indem er einen klapprigen Einspänner Richtung Süden nach Huntsville in Alabama trieb und dort den verhassten Yankees, die die Südstaatler um der Einheit der Union willen bekämpften, überteuerten Whiskey verkaufte. Und er bewies ihn drei Jahre später noch mal, als er seine Bottiche und Fässer an die Quelle hier in Lynchburg karrte, aus der ein stets 13

Grad kühles und vor allem eisenfreies Wasser sprudelt. 1866 ließ er seine Brennerei eintragen, und das macht Jack Daniel's zum ältesten registrierten Whiskey in den USA.

Bis heute entsteht jeder Tropfen, den man irgendwo in einem der 130 Exportländer trinkt, an dieser Quelle. Das lässt jedes Jahr 250.000 Neugierige in das 361-Einwohner-Kaff kommen. Nein, nicht nur wegen des Pathos des Ursprungs. Angelockt hat sie vielmehr die Werbung aus Kinos und Zeitschriften, wo Männer in Latzhosen und Baseballmützen stecken, zwischen Fässern sitzen und sich mit Brettspielen die Zeit vertreiben oder mit altertümlichen Lastwagen durch sanfthügelige Landschaften fahren. Umso erstaunter sind die Besucher, wenn sie hier Männer vorfinden, die in Latzhosen und Baseballmützen stecken, zwischen Fässern sitzen und sich mit Brettspielen die Zeit vertreiben oder mit altertümlichen Lastwagen durch sanfthügelige Landschaften fahren. Das ist Rogers dritte Devise: *What you see is what you get*. – Was du siehst, kriegst du auch. »Die Jungs in der Werbung gibt es wirklich, und sie machen das, was sie in der Werbung auch machen. Warum sollte wir für teures Geld Schauspieler anheuern?« Vierhundert »Jungs und Mädels« arbeiten auf dem Gelände. Nie würden sie von sich sagen, dass sie für Jack Daniel's arbeiten. Nein: Wir machen Jack Daniel's, heißt das hier, und sie sind verdammt stolz auf ihre Arbeit (und die, die es zu Werbefilmstars gebracht haben, sind noch ein bisschen stolzer).

Was bleibt ihnen auch anderes übrig als stolz zu sein, schließlich lebt fast das ganze County von der Brennerei. Rund um das große Gerichtsgebäude von Lynchburg reiht sich ein Laden neben den anderen, in denen es fast nur Jack-Daniel's-Souvenirs zu kaufen gibt, vom Mousepad über Spielzeugtrucks und Kochbücher bis zum Pyjama. Nur das eigentliche Produkt, den Whiskey, gibt es nicht. Pendleton ist erbarmungslos. Deshalb ist Jack Daniel's längst wertvoller als die 18 Dollar, die der meistgetrunkene »Black Label Nr. 7«-Typ im Land kostet. »Ich musste mal einen Klempner an Weihnachten kommen lassen, weil eine Wasserleitung undicht war. Als ich ihn zahlen wollte, meinte er: Einen Jack Daniel's und die Sache ist erledigt«, erzählt Roger und drückt mit der Rechten eine Zigarette aus, während er sich mit der Linken eine neue anzündet.

Was macht ihn eigentlich so kostbar? Es beginnt natürlich bei dem legendären eisenfreien Wasser, das so wichtig ist, weil es den Geschmack nicht beeinträchtigt. Zusammen mit Mais, Roggen und Gerste mischt es sich zu einem gelben, unappetitlichen Brei, der dann vergärt und fermentiert. Das trübe *destiller's beer*, das daraus entsteht, wird anschließend destilliert. Bis hier ist es ein gewöhnlicher Whiskey, ein Bourbon, um genau zu sein, wie der Whiskey aus dem gleichnamigen County im Nachbarstaat Kentucky heißt. Aber jetzt kommt der Ahorn ins Spiel. Die Arbeiter schichten Ahornholzlatten kunstvoll zu 1,50 Meter hohen Stapeln auf, verbrennen sie unter einer riesigen Esse zu Kohle und besprühen das Feuer zwischendurch mit Wasser, damit sie am Ende keine Asche haben. Der Bourbon tröpfelt dann zwölf Tage lang durch einen drei Meter hohen Turm aus Ahornbriketts. Das ist der Moment, in dem Lynne Tolley, Jack Daniels Groß-Großnichte, auf der Plan tritt. Sie prüft, ob die Briketts erneuert werden müssen. Wenn ja, wandern sie in die Souvenirläden, wo sie als Barbecue-Kohle begehrt sind. Die Kohle vertreibt unangenehm schmeckende Ölrückstände, gibt dem Whiskey sein typisches, mildes Aroma, das er anschließend vier bis sechs Jahre in jungfräulichen Eichenfässern reifen lässt (die dann schließlich auch zu Geld werden, weil sie schottische Destillateure für die Lagerung ihres Whiskys aufkaufen). Und sie macht ihn natürlich zu einem besonderen, zu einem Tennessee-Whiskey eben, von denen es nur zwei auf der Welt gibt – zumindest zwei von der amerikanischen Steuerbehörde anerkannte.

Aber der Mais und der Ahorn und die anderen Gaben der Natur vertragen sich einfach nicht mit der Frömmigkeit, die hier auch wächst. Tennessee liegt genau im amerikanischen *bible belt*. »Und Lynchburg ist die Schnalle des Gürtels«, meint Roger, der ein Lied davon singen kann. Seine Mutter war überzeugte Abstinenzlerin. Als ihr Sohn vor 38 Jahren auf die schiefe Bahn geriet und für Jack Daniel's zu arbeiten begann, beschloss die strenge Dame, diese Schmach zu leugnen – und zwar für immer.

Als derselbe Sohn aber irgendwann in den Siebzigern einen handsignierten Dankesbrief von seinem treusten Kunden, Frank Sinatra, erhielt, trug sie den Brief bis zu ihrem Tod in der Handtasche mit sich herum. »Jedem hat sie ihn voller Stolz gezeigt, obwohl unter meinem Namen ›Jack Daniel's Distillery‹ stand«, erzählt Roger. Ja, das Verhältnis der Amerikaner zu Alkohol nimmt mitunter seltsame Formen an. Die Verbote führen nicht zu weniger Alkoholikern als in Ländern mit freiem Spirituosenverkauf. Aber sie können das Leben durchaus ein wenig pfeffern, weil es Spaß macht, die Gesetze auszutricksen. »Natürlich trinken wir hier alle, nur nicht öffentlich«, gibt Roger zu. »Unser großes Gemeindefest findet halt zur Hälfte in den Privathäusern statt, wo die Leute legal trinken dürfen.« Das hat auch seinen Reiz, so wie das Verbotene natürlich überhaupt seinen Reiz hat, was dem Absatz von Jack Daniel's durchaus zuträglich ist und was auch erklärt, warum seit 1909 niemand versucht hat, das Prohibitionsgesetz von Moore County aufzuheben.

Die Ironie der Geschichte wollte es wohl, dass es ausgerechnet in jenem Jahr zustande kam, in dem Mr. Jack im Sterben lag. Der junge Jack hatte sich inzwischen zu einer Mischung aus Dandy und Kauz entwickelt. Mit 21 Jahren beschloss er, fortan knielange Fracks und hohe Hüte zu tragen, dazu einen buschigen Vollbart, den er zusammen mit dem übrigen Kopfhaar schwarz färbte. Man kann das wohl als Versuch des 1,56 Meter kleinen Mannes deuten, sich größer und interessanter zu machen. Seine Kauzigkeit zeigte er zum Beispiel dadurch, dass er täglich nicht mehr als 99 Scheffel Mais mahlen ließ, weil er den Behörden keine weiteren Steuereinkünfte gönnte. Manchmal gipfelte diese Sturheit in blanker Wut, etwa als er an einem Aprilmorgen im Jahre 1905 den Tresor in seinem Büro nicht aufbekam und mit voller Wucht dagegen trat. Er brach sich einen großen Zeh, bekam eine Blutvergiftung, das linke Bein musste amputiert werden und schließlich starb der *selfmademan* an den Folgen seines Wutausbruchs. »Arme Leute treten Eimer, reiche treten Tresore«, meint Randy, unser Führer, grinsend. Natürlich ist der Safe ein Highlight auf der kostenlosen Tour durch die Brennerei, das andächtig fotografiert wird, genauso wie Mr. Jacks Büro mit der Originaleinrichtung, »das hässlichste Gebäude auf dem Gelände, das wir am meisten verehren«, so Randy.

Jack Daniel hinterließ der Nachwelt die Idee der inzwischen berühmten viereckigen Flasche mit dem gerillten Hals, mehrere Auszeichnungen, unter anderem eine Goldmedaille der Weltausstellung von St. Louis im Jahre 1904 für den »Besten Whiskey der Welt«, die Devise *Don´t kick a pulling mule* und eine florierende Destille mit europäischem Absatzmarkt. Die erbte Lem Motlow, der nicht weniger Geschäftssinn als sein Onkel besaß. Als die amerikanische Bundesregierung die Prohibition 1933 aufhob, Tennessee aber dagegen stimmte, überredete Motlow, der es inzwischen zum Senator im Staat gebracht hatte, das Parlament dazu, ihm die Brennlizenz zu erhalten mit der Auflage, den Whiskey im eigenen County nicht zu verkaufen.

Diesen damaligen Kompromiss umgehen die heutigen Besitzer, die Brown-Forman Corporation mit Sitz in Kentucky und die anderen Aktionäre in 23 Ländern, indem sie »Gedenkabfüllungen« in Sonderflaschen im Visitor Center verkaufen. Moore County hat nichts dagegen, solange es 3,50 Dollar pro Flasche kassiert. Über dem Verkaufsstand hängt ein Schild, dem wir entnehmen, dass die Sonderabfüllung erst in einem Privathaus oder nach Verlassen des Counties zu öffnen ist, was wieder paradox ist, weil man in allen angrenzenden Landkreisen keine Alkoholika im Auto öffnen darf. Also schlürfen wir unsere Après-Tour-Limonade neben der lebensgroßen Jack-Daniel-Statue aus Carrara-Marmor in der Besucherhalle, deren Füße überlebensgroß gemeißelt werden mussten, weil die Statue wegen Mr. Jacks kleinen Füßen umgekippt wäre.

Vielleicht kommt er bald ganz groß raus; denn zurzeit läuft eine Bürgerinitiative, die seinen Geburtstag zu einem Nationalfeiertag erheben will – obwohl niemand weiß, an welchem Tag im Herbst 1850 er geboren ist. Wenn hier etwas konsequent ist, dann die Kette der Paradoxien. »Tatsachen sollten einer guten Geschichte niemals im Weg stehen«, heißt es ironisch im Begleittext einer Vitrine über die zahlreichen Amouren, die Jack Daniel angedichtet werden.

Und so verabschieden wir uns von diesem absurden Ort, bei dem wir uns nicht sicher sind, ob sich alles so zuträgt, oder ob das Ganze nicht doch eine perfekt inszenierte Freilichtshow ist – mit verdammt guten Schauspielern und Getränken.

Das Imperium hilft gerne weiter

Wie Wal-Mart mit aggressiver Gastfreundschaft um amerikanische Camper buhlt und sie zu dankbaren Kunden erzieht

Es ist kurz vor halb neun, und kurz vor halb neun ist eine gute Zeit im Leben eines amerikanischen Campers. Gleich hat sie sich gelohnt, die Warterei zwischen Kakteen, Coyoten und den sich wie chinesische Schlangenmenschen verbiegenden Yucca-Palmen, die dem Flecken hier im südlichen Kalifornien seinen Namen, Yucca Valley, geben. Die Frauen und Männer sitzen in ihren Klappstühlen und auf den Trittbrettern zu ihren Wohnmobilen und harren des Rufers aus der Wüste. Da, pünktlich wie immer: »Liebe Kunden, wir weisen Sie freundlich darauf hin, dass dieses Geschäft in dreißig Minuten schließt.« In die kleine Gemeinde kommt Bewegung: Die Camper schälen sich aus ihren Decken, verriegeln die Türen ihrer Gefährte und marschieren los. Allerdings nicht durch Wüstensand, sondern über den Asphalt eines Parkplatzes von der Größe Oberbayerns. Dorthin, wo die gebogenen Neonröhren einen roten »Wal-Mart«-Schriftzug in den schwarzen Abend malen. Fütterung!

Hinter dem Schriftzug, im Inneren des Monsterflachbaus, tragen die Angestellten das Buffet ab. Hühnchen, Kartoffelsalat und Pizza kosten jetzt einen Bruchteil ihres Preises. Die Frozen-Yoghurt-Maschinen müssen gereinigt werden, ihren Inhalt gibt es fast geschenkt. Hier schlägt das Herz des Campers höher. Statt Feuerholz im Wald sammelt er nämlich Schnäppchen in Lebensmittelabteilungen. Schließlich sucht er nicht das Abenteuer Wildnis, sondern preiswerten Komfort. Sein Wohnmobil teilt er sich daher mit Dusche, Mikrowelle und Fernseher. Dreißig Millionen solcher moderner Planwagen, so genannte RV Campers – *recreational vehicles*, »Freizeitfahrzeuge«, – rollen über Amerikas Highways. In den meisten sitzen Rentner, die ihren Lebensabend mit Herumreisen verbringen, oder urlaubende Familien, die die Übernachtung in Motels zu teuer käme. Ein Drittel dieser Vagabunden steuert regelmäßig einen Campingplatz der besonderen Art an: einen Wal-Mart-Parkplatz. Sie sind die jüngste Beute der »aggressiven Gastfreundschaft«, einer der Maximen, mit der Sam Walton, der legendäre, 1992 gestorbene Gründer von Wal-Mart, sich seine Konsumenten immer noch untertan macht.

Amerika, das Land der Superlative, mit den »niedrigsten Preisen« und dem »besten Service« allerorten, hat auch den härtesten Einzelhandelswettbewerb: Kaum ein Supermarkt kommt ohne Wochenendangebote, Coupons oder den eigenen *club* mit Extra-Rabatt für Mitglieder aus. Ganz egal wie unbedeutend ein Feiertag ist – Möbelhäusern und Gartencentern gibt er Anlass genug für Sonderverkäufe. »Paper? Plastic? Paris?«, heißt es an der Kasse von Ralph's, einer kalifornischen Lebensmittelkette, wo man zusätzlich zum Einpackservice Flugzeugmeilen mit auf den Weg bekommt.

Der Sieger dieses hemmungslosen Buhlens um Kunden: Wal-Mart. Ein Jahresumsatz von 191 Milliarden Dollar macht die Flachbau-Kaufhauskette zum weltgrößten Einzelhändler – und bei 962.000 Angestellten zu einem der größten Arbeitgeber der USA. Sam Waltons Erfolgsrezept: Gib keinen Penny zuviel aus (auch als »reichster Mann Amerikas« fuhr er einen alten *pick-up truck* und stieg auf Geschäftsreisen in einfachen Hotels ab) und lass dich in Provinznestern und im Zersiedlungsbrei von *suburbia* nieder – dort, wo es wenig Industrie, viele Jobhungrige und keine Gewerkschaften gibt. Der begeisterte Pilot machte von seiner Cessna aus potenzielle Niederlassungen ausfindig und feilschte dann mit den Gemeinden um den Grundstückspreis. Die Liste der 1709 Wal-Mart Stores, 939 Supercenters und 476 SAM's Clubs, die sich auf diese Weise seit 1962 myzelartig über die USA ausgebreitet haben, fördert daher Orte zutage, von denen man noch nie etwas gehört hat und wo man nicht tot überm Zaun hängen will.

Dann kam der Trick mit dem Gemeinschaftsgefühl. In einem Land, das keine Stadtkerne kennt, sondern lang gezogene *main streets*, versucht jeder Wal-Mart, ein künstliches Ortszentrum zu sein. Man fährt hier nicht nur vor, weil die Cornflakes billiger sind, sondern auch, weil man sich neue Kontaktlinsen anpassen, sich kostenlos beim Ausfüllen der Steuererklärung helfen und die Bremsen überprüfen lassen kann. Und weil man bei einem der Straßenfeste vor einem Wal-Mart die verstreut lebenden »Nachbarn« trifft. Ein paar Camper runden mit ihrer Klappstuhl-Gemütlichkeit die künstliche Dorfidylle trefflich ab.

Deswegen ist Wayne Green mit ihrer Großfamilie hier auf dem Parkplatz in Yucca Valley auch höchst willkommen. Mit ihrem Mann, den beiden Söhnen und deren Familien tourt die Kanadierin in einem Mini-Treck aus drei Wohnmobilen durch den Südwesten der USA. »Auf einem Campingplatz müssten wir reservieren und wir wären für unsere drei Wägen mal eben achtzig Dollar pro Nacht los,«, erklärt die Großmutter. »Irgendwo am Straßenrand schlafen wollen wir auch nicht, man weiß nie, wer nachts so unterwegs ist.« Hier schützt der Wal-Mart-eigene Nachtwächter. So viel Gastfreundschaft macht Camper zu dankbaren und damit guten Kunden, denen das Wal-Mart-Imperium gerne weiterhilft. Etwa mit dem Rand-McNally-Straßenatlas, der hier statt der üblichen 10,95 Dollar nur 4,97 kostet. Dafür sind sämtliche Wal-Mart-Filialen in den USA und Kanada eingezeichnet. Fehlt etwas in der Campingausrüstung? Grillzangen und Wasserkanister stehen schon am Ladeneingang bereit. Die Greens verbringen jede dritte Nacht bei Wal-Mart. Sie kennen sich aus, schließlich gibt es Camper-Homepages mit den wichtigsten Informationen über die Niederlassung mit dem »freundlichsten Manager« oder dem »schlechtesten Thunfischsalat«. Norris Farrel, der Filialleiter in Yucca Valley, umschreibt das *gentlemen's agreement* mit den Campern so: »Wir betrachten sie als Kunden, die fürs Einkaufen besonders lange brauchen.« Manche eben die ganze Nacht.

Als Filialleiter kommt hier nur in Frage, wer das große Gemeinschaftsgefühl nicht nur nach außen, sondern auch nach innen prägen kann. Es ist ein harter Job, der täglich bis zu 14 Stunden abverlangt. Aber in Gegenden, in denen der nächste größere Arbeitgeber zwei Fahrstunden und mehr entfernt liegt, nimmt man niedrige Löhne und »freiwillige« Überstunden in Kauf. Der große Sam war ein Workaholic, also müssen es die kleinen Sams auch sein. »Nur weil wir hart arbeiten, dürfen wir nicht mit langen Gesichtern durch die Regalreihen gehen«, befahl er seinen Mitarbeitern. Für die Motivation sind die Filialleiter zuständig. Es muss Spaß machen, mit den »Wie-darf-ich-Ihnen-helfen?«-Schriftzügen auf dem Rücken für die Wal-Mart-Familie zu schuften. Also liegt es an ihnen, für ständige gute Laune und noch bessere Bilanzen zu sorgen. Zum Beispiel steckt jeder Laden in einem Distrikt 125 Dollar in eine gemeinsame Kasse. Wer als letzter einen Arbeitsunfall meldet, kriegt das Geld. Jeder Angestellte darf damit rechnen, für eine gute Idee und eine noch bessere Tat in der unternehmenseigenen »Wal-Mart World« gelobt zu werden.

Wo glückliche Angestellte, da glückliche Kunden. Deswegen wird am nächsten Morgen um sieben Diane oder Bud oder Kathy oder eine der anderen *greeters,* den superfreundlichen Wal-Mart-Begrüßern, an die Türen der RVs klopfen und sagen: »Guten Morgen! Der Kaffee steht in unserem Laden bereit!« Sieben Uhr morgens ist auch eine gute Zeit im Leben eines amerikanischen Campers.

»Erfolg ist die süßeste Rache«

Warum mit einem neuen Casinogesetz bei vielen Indianern der Reichtum Einzug hält

Green Bay liegt weit im Norden der USA, im Staat Wisconsin, am westlichen Rand der Großen Seen, durch die sich die Grenze zu Kanada zieht. Hier ist die Landschaft sehr flach und sehr grün und von sehr geraden Landstraßen durchzogen, die einzigen Erhebungen bilden die Silos der Farmen. »Wisconsin« stammt aus einer Indianersprache und heißt übersetzt »grasgrüner Ort«, es hat auch den Beinamen »Milchland«. Auf zwei Produkte sind die Bewohner von Green Bay stolz: ihren Käse und die *Packers,* die örtliche Football-Mannschaft, die 1997 sogar den Superbowl, die nationale Meisterschaft in den USA, gewonnen hat. Hier tragen die Frauen noch kleinkräuselige Dauerwellen und das Leben der 97.000 Greenbayer spielt sich ab zwischen der Lastwagenausstellung im Januar, der »Heim-und-Garten-Show« im April und der »Konferenz der Christlichen Frauen« im November.

Ein paar Meilen südwestlich von Green Bay liegt das Reservat der Oneida-Indianer, und 1993 setzten sie dem eintönigen Dasein ihrer Nachbarn ein Ende: Sie errichteten ein Casino. Der amerikanische Kongress hatte 1988 ein Gesetz verabschiedet, das den Indianern erlaubt,

Spielcasinos zu betreiben, auch wenn das dem Staat, in dem sich ihr Reservat befindet, nicht passt. Die Oneida zögerten nicht lange. In die Laubwaldidylle ihres Reservats stellten sie neben ihre kleine Bingohalle einen Monsterbau, karrten 2700 Spielautomaten und 80 *Blackjack*-Tische ran, schlossen ein Restaurant, eine Bank, und ein paar Geschäfte an, setzten ein Radisson-Hotel daneben und nannten das Ganze »Oneida Bingo and Casino«.

Es gibt Tage, sagt Gary Jordan, der Vizehäuptling, da muss er sich immer wieder von neuem klar machen, was um ihn herum gewachsen ist. »Noch Anfang der neunziger Jahre war das hier einfach ›das Hinterland‹. Wir lebten in Armut, viele in Wohnwagen ohne fließend Wasser«, erinnert sich der 38-Jährige. Innerhalb von fünf Jahren wurde das Reservat vom Status eines Entwicklungslandes, wie Jordan es nennt, in den amerikanischen Wohlstand katapultiert. »Fast alle Gebäude, die Sie hier sehen, sind nach 1993, also nach dem Casino gebaut worden« – auch Jordans Büro, das wie alle neuen Bauten in den Stammesfarben lila und dunkelgrün gestrichen ist. Zur Zeit vertritt der schmächtige Mann mit dem jungenhaften Gesicht Deborah Doxtator, die »Häuptlingin« des Stammes. Die Oneida sind ein Matriarchat, hier regieren seit jeher die Frauen, und Frau Doxtator gönnt sich zum ersten Mal seit Jahren Urlaub. »Zwei Wochen, in denen wir Männer mal das Sagen haben«, wie Jordan grinsend meint. Eine Dauer-Kakofonie aus Gesumme, Gepiepse und Geklingel von Telefon, Faxgerät, Handy und Pager erinnert ihn daran, dass neben dem Casino ein Industriepark, ein Elektronikunternehmen, eine Supermarktkette, eine Bank und ein Fitnesscenter verwaltet sein wollen. Längst hat der – steuerfreie – Gewinn aus den Spielhallen eine solche Dimension erreicht, dass er »wirtschaftlich diversifiziert« werden musste, wie Jordan es ausdrückt. Wieviel die Oneida mit dem Casino einnehmen, verrät er nicht, als Vorsitzender einer souveränen Regierung ist er dazu auch nicht verpflichtet. Nur, dass die Spielautomaten sechzig Prozent des Gesamtumsatzes des Stammes ausmachen.

Das Gros des Geldes fließt aus den Geldbeuteln Wisconsischer Senioren, die hier das Erbe ihrer Enkel verspielen. »Hol Oma von der Straße – bring sie ins Casino!« steht auf einem Aufkleber, den es im *gift shop* des Casinos zu kaufen gibt. 24 Stunden am Tag, sieben Tage die Woche, 365 Tage im Jahr hat dieses Ersatz-Altenheim geöffnet. An der Eingangstür läuft ein Endlosvideo, auf dem Kathy aus Abrams, John aus Krakow oder Susan aus Flintville selig mit ihren Hunderttausend-Dollar-Schecks in die Kamera winken oder in ihr gerade gewonnenes Auto steigen. Drinnen schieben sich die batteriebetriebenen Rollstühle der Alten, die mobilen Miniwechselstuben der Angestellten und die Teewagen mit Limonade und Eistee der Kellner durch die permanent bimmelnde und scheppernde Geräuschkulisse der *slot machines*. *Soft drinks* sind gratis, Alkohol ist verboten, Rauchen erlaubt, schließlich will der Tabakladen nebenan, der steuerfrei verkauft – da auf indianischem Territorium – auch profitieren. Ein alter Mann bedient von seinem Hocker aus zwei Einarmige Banditen des Typs »Indian Gold« gleichzeitig. »Nun ja«, meint er, »man kann nicht jeden Abend vor dem Fernseher sitzen.«

Eben, denn das hier ist eine Live-Gameshow. Und es ist immer etwas los, egal zu welcher Tageszeit, nur am Abend und am Wochenende ist noch mehr los; dann mischt sich Jungvolk unter die Altzocker. Die verdunkelten Scheiben der Eingangstüren verraten nicht, ob gerade Tag oder Nacht ist. Uhren gibt es nicht. Zum Leidwesen von Patrick, dem hochgewachsenen, stämmigen jungen Mann, der seit fünf Jahren mit seiner blauen Uniform und seinem Funkgerät für einen geregelten Spielverlauf sorgen soll, aber eigentlich Rettungssanitäter ist. Das größte Sicherheitsrisiko seien nämlich die alten Leute selbst: »Die vergessen hier die Zeit und irgendwann mal schauen sie auf ihre Uhr und stellen entsetzt fest, dass sie vor drei Stunden ihre Herztropfen hätten nehmen sollen. Vor lauter Schreck kriegen sie dann erst recht einen Infarkt.«

Ein gutes Drittel der 554 anerkannten Indianerstämme in den USA betreibt inzwischen Glücksspiel, 6,4 Milliarden Dollar Umsatz haben sie damit alleine 1997 gemacht. Es ist ihr Stück vom großen Glücksspielkuchen, der über die USA verteilt wurde. Die Summe, die in den Schlitzen der Spielautomaten verschwindet, ist seit 1974 um dreitausend Prozent gestiegen. Glücksspiel ist eine neue Form, die Freizeit totzuschlagen. Statt in den Zoo oder ins Kino zu gehen, sitzt man heute am Roulettetisch. Längst haben die Spielhöllen den Flair von Halbwelt und Anrüchigkeit verloren, Las Vegas & Co. setzen neuerdings auf Familienunterhaltung. Dennoch belassen es viele indianische Casinobesitzer bei Bingo, weil ihr Reservat so abgelegen ist, dass sich nicht genügend Kunden für Spielautomaten und *blackjack* einfinden würden. Andere Stämme lehnen Glückspiel aus moralischen Gründen grundsätzlich ab. Und nur bei wenigen haben die Spielautomaten das Leben so drastisch verändert wie bei den Oneida.

Vierzig Prozent von Amerikas 2,3 Millionen Indianern leben in Reservaten, den notorischen Armenhäusern der USA. Daran konnten auch die – halbherzigen – Anstrengungen aus Washington in den vergangenen Jahrzehnten nichts ändern: Nach wie vor ist das durchschnittliche Haushaltseinkommen hier weniger als halb so hoch wie im US-Durchschnitt, nur 54 Prozent der *Native Americans* haben einen Schulabschluss, in den übrigen USA sind es 76 Prozent, 17 Prozent leben in Unterkünften ohne fließend Wasser, außerhalb der Reservate sind es 1,2 Prozent. Die Wahrscheinlichkeit, an Alkoholismus, Diabetes, Lungenentzündung, Mord oder Selbstmord ums Leben zu kommen, ist in einem Reservat um ein Vielfaches höher als im Amerika der weißen Mittelklasse. Deswegen gibt es Stimmen, die dem Casinoboom nicht trauen, weil er einen Mythos vom »reichen Indianer« kreiere. »Ich beglückwünsche die, die es geschafft haben, per Glücksspiel den Weg aus der Armut zu finden«, sagt Ben Nighthorse Campbell, Republikaner aus Colorado und erster Indianer im US-Senat. »Aber es darf nicht dazu führen, dass die, die davon nicht profitieren, weniger Gelder erhalten.«

Das »Indian-Gaming-Regulatory«-Gesetz war nämlich der Versuch Washingtons, eine neue Ära in den Beziehungen zwischen den USA und ihren Ureinwohnern einzuläuten. Als »Nationen innerhalb der Nation« genossen diese bis dato den besonderen Schutz ihrer Mutter Washington. Grundlage dieses Schutzes waren Reservate, also Land, das nicht einem Einzelstaat zugeteilt war, sondern für besondere Zwecke, nämlich für das Militär und als dauerhafte Heimstatt für die Indianer »reserviert« war. Dort übernahmen die USA die Verantwortung für das Wohlergehen »ihrer« Indianer – via Sozialhilfe. Doch Präsident Ronald Reagans Parole »Weniger Staat, mehr Eigeninitiative« galt ab Mitte der achtziger Jahre auch für das Indian Country und seine apathischen Wohlfahrtsjunkies. Er kürzte die Sozialhilfe, und den Indianern blieb nichts anderes übrig, als sich nach einer anderen Geldquelle umzusehen. Bingo!

Um sie vom Washingtoner Sozialtropf loszureißen, schreibt das Gesetz den Roulettehäuptlingen vor, einen Großteil der neuen Einkünfte für soziale Zwecke zur Verfügung zu stellen. Die Casinodollar pflegen die Senioren, impfen die Neugeborenen, stellen das Klettergerüst in den Kindergarten, schicken die Großen aufs College und ersetzen die rostigen Wohnwagen durch moderne Häuser. Nur das, was übrigbleibt, darf direkt an die Mitglieder des Stammes gehen oder in andere Projekte fließen. Statt Wohlfahrt aus Washington gibt es jetzt Wohlfahrt vom Stammesrat. Weise Vorgabe oder weiße Bevormundung? »Ich denke, wir haben selbst genügend Kontrollmechanismen, um eine sinnvolle Verwendung unserer Einnahmen zu garantieren«, sagt William Gollnick, der die juristischen Belange der Oneida leitet. »Es ist derselbe paternalistische Ansatz, mit dem uns die Weißen seit jeher begegnet sind. Früher wollten sie uns vorschreiben, was wir mit unserem Land machen sollen, heute wollen sie uns vorschreiben, was wir mit unserem Geld machen sollen.«

Die Casinogewinne haben die Ansprüche auf Sozialhilfe schrumpfen lassen. Die Mittel, die ihnen die Bundesregierung noch in den siebziger Jahren gezahlt hat, sind jetzt auf weniger als zwei Prozent zurückgegangen. In derselben Zeit sind andere Werte gewachsen – Werte, die sich nicht in Prozenten messen lassen und die den Indianern, seit sie die weißen Siedler in Reservate gepfercht haben, fast abhanden gekommen waren. Denn das Casino hat den Oneida nicht nur ein Hospital, mehrere Altenheime, ein Jugendzentrum, ein Frauenhaus und eine Beratungsstelle für Alkoholiker gebracht, sondern auch alles, was ihnen ein Jahrhundert Bundespolitik nicht bringen konnte: Unabhängigkeit, Eigenverantwortung, Würde, Stolz – und mehr Demokratie. »Die Casinoeinnahmen haben das Interesse unserer Leute an der Politik geweckt«, sagt Jordan. »Sie kamen plötzlich zu den Versammlungen, um über die Verteilung der Gelder mitzuentscheiden, das gab es früher nicht. Die Leute hatten auch kein Interesse an Bildung, weil sie nicht sahen, was sie damit später im Leben einmal anfangen sollten. Jetzt sehen sie es. Sie sehen Casinomanager mit teuren Autos und schönen Häusern – und mit einer guten Ausbildung.«

Demokratie durch Wohlstand – ein altes Modell, das nach wie vor funktioniert. Längst werden die Casinos als *new buffalo* bezeichnet, als »neuer Büffel«, als die Lebensgrundlage der Indianer im 21. Jahrhundert. Mit dem neuen Büffel kam auch neues Land – neues altes Land: Ursprünglich siedelten die Oneida auf dem Gebiet des heutigen Staates New York, dann vertrieben sie die englischen Siedler. Man versprach ihnen 263 Quadratkilometer Land, tausend Kilometer westlich, am Rande der Großen Seen. Ein Teil der Oneida zog dorthin, bis ihnen die Weißen auch hier das Land streitig machten, ein paar Quadratkilometer ließen sie ihnen schließlich übrig. 170 Jahre und 27 gebrochene Verträge später ist das Land jetzt wieder auf gut vierzig Quadratkilometer angewachsen. Mehr als die Hälfte davon haben die Oneida mit ihren Casinogewinnen Farmern und dem Staat Wisconsin abgekauft – und damit die Geschichte umgekrempelt. Doch gerade solche Veränderungen passen vielen nicht, weil sie ein Klischee zerstören, weil sie die gesellschaftliche Hierarchie der USA durcheinanderbringen, in der die Indianer seit jeher ganz unten angesiedelt sind. Und weil Reichtum Neid erzeugt, und plötzlicher Reichtum großen Neid. Deswegen hat mit den neuen Casinos auch ein Kampf Einzug gehalten – um Geld, um Einfluss und um Macht. Da gibt es die, die nicht einsehen, dass die Indianer ihren Gewinn nicht versteuern müssen, und die sich daher auf den Kriegspfad begeben: Die Gouverneure verschiedener Bundesstaaten, die vom Innenminister in Washington »mehr Mitsprache« fordern, was die Casinolizenzen in den Reservaten angeht. Oder der New Yorker Immobilienzar Donald Trump, der Casinos in Atlantic City unterhält und seine Glücksspiel-Hegemonie an der Ostküste gefährdet sieht, und deswegen gegen die »Vorzugsbehandlung der Indianer durch die US-Regierung« vor Gericht zieht.

Und es gibt die, die sagen, die Casinos würden bald den Alkoholismus als Übel Nummer eins in den Reservaten ablösen und jegliche noch übriggebliebene Indianerkultur und -tradition endgültig zerstören. Bei solchen Visionen muss Louise Cornelius, die das Casino der Oneida leitet, laut lachen: »Ja, das sind meine Lieblingskritiker«, sagt sie, »weil sie beweisen, dass sie keine Ahnung von indianischer Kultur haben. Glücksspiel war immer ein Teil davon – bevor die Europäer unser Land betraten. Wir waren es, die den Siedlern damals Glücksspiele beigebracht haben.« Die Doppelmoral spielt mit. Fast könnte man glauben, der *pursuit of happiness,* das alles beherrschende Streben nach Glück und Reichtum, ist nicht allen Amerikanern gestattet. »Erst hieß es, ›Werdet selbständiger!‹, dann wurden wir selbständiger – durch Glücksspiel. Dann hieß es ›Oh, so haben wir das nun auch wieder nicht gemeint‹«, sagt Cornelius. Es war von Anfang an das Schicksal der *Native Americans,* nicht so sein zu können, wie sie sind, sondern wie sie zu sein haben – in der romantischen Vorstellung der Weißen. Deren Lieblingsindianer ist der edle Wilde, der auch heute noch im Lendenschurz um das Feuer im Langhaus zu sitzen und Weisheiten über Mutter Erde zu verbreiten hat – aber bitte schön nicht auf den amerikanischen Wohlstandszug aufspringt. Indianer sind entweder Über- oder Untermenschen.

Oneida heißt übersetzt »Leute des stehenden Felsen«, und an dem brechen sich die Wellen von Neid und Kritik. Das Völkchen mit seinen 13.000 Mitgliedern hält die Sympathien seiner weißen Nachbarn geschickt auf kleiner Flamme warm: Hier mal eine Millionenspende für die neue Kongresshalle von Green Bay, dort mal einen Kindergarten vor der Schließung gerettet. Ein Werbespot im lokalen Fernsehen von Green Bay weist täglich daraufhin, dass das Oneida Casino offizieller Sponsor der geliebten *Packers* ist. Beim Arbeitsamt das Reservats gehen jede Woche zweihundert Bewerbungen ein. In den vergangenen zehn Jahren ist die Arbeitslosigkeit im Reservat von 25 auf vier Prozent zurückgegangen. 53 Prozent der viertausend Casinoangestellten sind Oneida, die übrigen 47 Prozent sind Weiße und Minderheiten, die teilweise eigens hierher gezogen sind oder bis zu achtzig Kilometer täglich pendeln, um ebenfalls von der neuen Goldgrube zu profitieren. Glücksbringer Glücksspiel: Die Spielhölle des Reservats hat das ganze umliegende County in ein Wirtschaftsparadies verwandelt. Die Oneida sind mittlerweile der größte Arbeitgeber in der Region.

Auch Daryl meldete sich. Der 28-Jährige führt Aufsicht zwischen den *Blackjack*-Tischen. Ihn hatten wir eigentlich angesprochen, weil wir ihn wegen seiner rotblonden Locken für einen vom Stamm angestellten Weißen hielten. Falsch. Natürlich gibt es Indianer des 21. Jahrhunderts, die ihr Indianersein mit langen schwarzen Haaren zum Ausdruck bringen, aber es gibt auch Oneida wie Daryl, der genauso stolz auf seine »norwegischen Vorfahren väterlicherseits« ist. Der Nachweis von einem Sechzehntel Oneidablut reicht für den Mitgliedsstatus. Früher habe er in einer Kartonagenfabrik gearbeitet, für 14,50 Dollar die Stunde, jetzt hat er eine Ausbildung zum *supervisor* hinter sich, trägt schon morgens um sieben Fliege und gestärkte Hemden und setzt einen sehr ernsten Blick auf, wenn er die Handbewegungen der Croupiers verfolgt. »Es war ein guter Job in der Fabrik«, erzählt Daryl. »Einer, den du nicht so ohne weiteres aufgeben willst. Aber hier verdiene ich zwanzig Prozent mehr, muss weniger arbeiten und kriege alle möglichen Sozialleistungen.« Zu denen gehört auch eine Suppenküche, in der der Stammesrat jeden Tag Mittagessen gratis verteilt. »Viele Menschen hier haben ihr ganzes Leben von der Hand in den Mund gelebt«, erklärt Gary Jordan. »Sie haben nie gelernt, mit Geld umzugehen. Jetzt, wo sie vom Casino profitieren, geben sie es für allen möglichen Unsinn aus anstatt für Lebensmittel. Da müssen wir eben nachhelfen.« Dennoch halte sich solcher Unsinn in Grenzen. Bei anderen Stämmen, erzählt Jordan, kämen die Leute mit ihrem plötzlichen Reichtum überhaupt nicht zurecht. »Sie geben von heute auf morgen ihren Job auf, weil sie glauben, bis an ihr Lebensende nicht mehr arbeiten zu müssen. Vor lauter Langeweile trinken sie dann mehr oder nehmen Drogen.«

Doch die Stammesoberen sorgen geschickt dafür, dass sich die Oneida mehr für die »Legende von der Himmelstochter« aus ihrer Mythologie interessieren als für Crack und Kokain. Das ist schwierig genug: Ein Indianer befindet sich heute auf einer endlosen Gratwanderung zwischen der Dominanz und den Verlockungen der amerikanischen Kultur und dem Festhalten an der eigenen Tradition: Passt er sich der Moderne an, verliert er sein »Indianertum«. Passt er sich nicht an, bleibt er zwar Indianer, aber der Zutritt zur modernen Welt wird ihm verweigert. Die Oneida meistern diese Wanderung:

Neben dem Sozialprogramm, der »wirtschaftlichen Diversifikation« und Mitgliedergeldern ist der Erhalt der eigenen Kultur das vierte Bein des *new buffalo* und der erste Punkt des Manifests, das über Gary Jordans Schreibtisch hängt. Was vom Gewinn übrigbleibt, wandert in den neuen Stolz: in das Kulturzentrum, in das Oneida-Museum und in die Grundschule. Bis zur achten Klasse steht die Oneida-Sprache auf dem Stundenplan, die in den siebziger Jahren als ausgestorben galt und nur noch von ein paar Stammesälteren an Feiertagen ausgepackt wurde. Inzwischen ist »Oneidisch« auf CD gepresst und für die Nachwelt gesichert. Auf die Schule – in der Form einer Schildkröte, einem heiligen Tier in der Mythologie der Oneida gebaut – ist Artley Skenandore, der Geschäftsführer des Stammes, besonders stolz. »650 Kinder besuchen sie, und zum ersten Mal seit langem erfährt eine Generation, wer wir sind, welche Geschichte und Kultur wir haben. Ich war auf einer katholischen Schule, da wurden Indianer nur erwähnt, wenn sie in Kriege mit den Weißen verwickelt waren. Alles, was ich heute über unsere Kultur weiß, habe ich erst als Erwachsener gelernt.«

Der wundersame Wandel in *Indian Country* findet 1200 Kilometer weiter, in Connecticut, kurz vor der atlantischen Küste, seine Perfektion. An einer Biegung der Landstraße 2 bricht der 17-stöckige Komplex des Foxwoods Resort Casinos wie die moderne amerikanische Antwort auf Neuschwanstein plötzlich aus den

Wipfeln der Zedern hervor. Hinter seiner grün-rosa Fassade verbergen sich 5567 Einarmige Banditen, drei Luxushotels, 16 Restaurants, eine *shopping mall*, ein interaktives Kino und 11.500 Angestellte, die dafür sorgen, dass diese Casinowelt permanent rotiert.

Zur vollen Stunde verdunkelt sich hier der Himmel, ein Donnergrollen übertönt für einen Moment die hellen Klingel- und Schepperlaute der Glücksautomaten. Dann schießt der *rainmaker*, der Regenmacher, eine zwei Tonnen schwere Plastikstatue eines knienden Indianers, einen Pfeil Richtung Himmel, und ein kurzer Regensturm bricht los. Der *rainmaker* steht in der Mitte des Hauptgebäudes, unter einem Atrium, das dicke künstlichen Baumstämme tragen. Seit Einführung dieses Spektakels im Februar 1992 regnet es nicht nur mit Chemie angereichertes Sprühwasser, sondern auch Dollarnoten über die 350 Mitglieder der Mashantucket Pequots und macht sie damit zum erfolgreichsten Casinostamm in den USA. Foxwoods ist der Inbegriff für *indian gambling* und ein Mikrokosmos von Superlativen. Mit seinen dreihunderttausend Quadratmetern Spielfläche, seinen fünfhunderttausend täglichen Besuchern und einem Gesamtumsatz der Spielautomaten von 6,6 Milliarden Dollar ist es das größte und profitabelste Casino der Welt.

Was mit dem Bau eines Märchenschlosses seinen Höhepunkt fand, liest sich von Anfang an wie ein Märchen. Noch vor zwanzig Jahren gab es hier nicht einmal ein Reservat, geschweige denn den Stamm der Mashantucket. Anfang der siebziger Jahre galten sie offiziell als ausgerottet – gerade einmal zwei Familien mit gut zwanzig Mitgliedern lebten verstreut entlang der Route 2, lebten vom Verkauf von Schlangen an den New Yorker Zoo, von Feuerholz und Ahornsirup.

Das langsame Sterben der Mashantucket begann mit dem Pequot-Krieg von 1636 bis 1638, in dem sich die Engländer zeitweise mit den Erzfeinden der Pequots, den Narragansetts und den Mohikanern verbünden. Die meisten wurden niedergemetzelt, der Rest in die Sklaverei verkauft oder vertrieben. 1800 gibt es noch dreißig Mitglieder auf dem ursprünglichen Siedlungsgebiet in Connecticut. 170 Jahre später will es der Gouverneur von Connecticut in einen Vergnügungspark verwandeln. Da tritt Richard »Skip« Hayward auf den Plan. Er will den Traum seiner gerade verstorbenen Großmutter wahr werden lassen: den Stamm der Mashantucket wiederzubeleben.

Mit 27 beginnt er sein Lebenswerk. In jahrelanger Kleinarbeit macht er die wenigen Pequots in den USA ausfindig, verspricht ihnen eine Ausbildung, einen Job und ein Dach über dem Kopf und lockt einige tatsächlich aus ihrer Diaspora zurück nach Connecticut. Gleichzeitig startet der Mashantucket-Moses eine siebenjährige Kampagne in Washington um Anerkennung als souveräner Stamm und klagt auf Rückgabe eines Teils des ursprünglichen Landes. »Wir haben damals auf dem Fußboden im

Büro unseres Senators geschlafen, weil wir uns kein Hotelzimmer in Washington leisten konnten«, erinnert sich Hayward. Er hatte Erfolg. 1983 wurden die Mashantucket Pequot als Stamm anerkannt – was sich als Grundvoraussetzung für den Betrieb eines Casinos entpuppen sollte. Mit der Anerkennung kam Geld, dreihunderttausend Dollar, eine Starthilfe, die die Pequots in eine Pizzeria steckten. Es wurde eine beliebter Treffpunkt für die Mitglieder, warf aber nicht genügend Gewinn ab. Also erbettelte Hayward die Erlaubnis für eine Bingohalle. 1986 wurde sie eröffnet. Zwei Jahre später kam der »Gaming Act«, und Hayward fand Gefallen an der Idee eines Casinos. Er reiste um die halbe Welt auf der Suche nach Startkapital und wurde schließlich bei einem Industriellen in Malaysia fündig.

Hayward baute Foxwoods zur richtigen Zeit am richtigen Ort. »Als wir damals eröffneten, hatten wir nur eine Schicht geplant bis abends um acht«, erinnert sich Bruce MacDonald, der Pressesprecher des Casinos. »Dann kamen sie, Stoßstange an Stoßstange. Seitdem haben wir die Türen von Foxwoods nie wieder geschlossen.« Nicht die Langeweile treibt die Menschen hierher, sondern die Tatsache, dass es zur Zeit eben *very chic* ist, den Prosecco nicht in einer Bar in Midtown Manhattan, sondern am Roulettetisch zu schlürfen. Und es lockt natürlich der Traum vom großen Gewinn ins Traumschloss. New York und Boston sind jeweils nur knapp zwei Autostunden entfernt, in einem Radius von 150 Meilen leben 23 Millionen Amerikaner, die über 21 Jahre alt und damit casinotauglich sind, die Ostküstenautobahn Interstate 95 ist nahe, die ganze Gegend ist bei Touristen und Geschäftsleuten gleichermaßen populär. Ein Busservice bringt Besucher aus den umliegenden Metropolen nach Foxwoods, selbst der Greyhound hält hier.

Am liebsten wäre es Bruce MacDonald, die Leute würden ihr Auto in einem der fünf Tiefgaragenlevel abstellen und dann für mehrere Tage in dem Komplex verschwinden. An die frische Luft braucht man auch nicht, denn Spielhallen, Hotels, Freizeit und Shopping sind miteinander verbunden. Es ist eine Kunstwelt. Nur Pavarotti, der damals bei der Eröffnung sang, war echt. Alles andere ist unecht, die Pflanzen und Bäume um den *rainmaker*, die glattgelifteten Gesichter der alternden Besucherinnen, die Westernstadt-Fassaden der *shopping mall*, selbst die Indianer wirken alles andere als authentisch. Robert Hayward, der im siebenköpfigen Stammesrat sitzt und seinen öffentlichkeitsscheuen Bruder Richard bei Interviews vertritt, spricht nie von »wir«, sondern bloß von den »Pequots«, so als gehöre er nicht dazu, als könne er sich mit seinen Stammesgeschwistern nicht identifizieren. Auf die Frage, wie er sich gegenüber Ausländern vorstellt, sagt er ohne zu zögern »als Amerikaner«, nicht »Indianer« oder »Mashantucket«. Nein, anders als die Oneida, die peinlich darauf achten, alles selber zu verwalten und die sich einen Berater von »draußen« nur tageweise und mit spitzen Fingern in ihr Reservat holen würden, gibt es hier kaum Berührungsängste mit der Welt der Weißen. Es würde auch nicht funktionieren; denn gerade einmal dreißig Mashantucket arbeiten in Foxwoods, achtzig Prozent des Stammes sind Kinder und Jugendliche. Für die Handvoll Indianer stehen im Reservat inzwischen alle Auswüchse von Neureichtum zur Verfügung: ein Golfplatz, ein Fitnessclub und ein Schwimmbad. Das Gemeindezentrum ist noch frisch gestrichen, die Blumenrabatten gerade erst angelegt. Es gibt eine eigene Feuerwehr und ein eigenes Postamt, und im gerade eröffneten Museum hängt bereits ein Uniformexemplar der neu gegründeten Polizei. Noch müssen sich die Mashantucket ihre Postleitzahl mit dem benachbarten Ledyard teilen – aber auch in diesem Punkt soll bald völlige Autonomie herrschen. Die Versammlungshalle bietet der Dreihundertschaft nicht weniger als 1500 Sitzplätze. Schließlich blickt man in die Zukunft. »Mashantucket, CN 06339-3180« ist zum *promised land* geworden. Jedem Pequot werden ein Haus und ein Job mit einem Durchschnittseinkommen zwischen fünfzig- und sechzigtausend Dollar im Jahr garantiert. Skips Versprechen aus den siebziger Jahren ist geblieben, sein Wert allerdings ist explodiert. Auch diejenigen erhalten das Geld, die zu Hause bleiben und sich um die Kinder kümmern. Alle Kosten für die Ausbildung – von der Vorschule bis zur Promotion – übernimmt der Stamm.

So passiert es, erzählt Robert Hayward, dass

Leute aus Kuba, Bermuda und selbst England anrufen und erzählen, dass auch sie von den »Peacocks« abstammten und wo sie sich ihr Flugticket nach Connecticut abholen könnten: Jeder will plötzlich ein Mashantucket sein, die wundersame Geschichte hat sich herumgesprochen. Zu den Anrufern, die sich reinschummeln wollen, kommen ständig Bittbriefe von der »Föderation pensionierter Holzfäller« bis zum Obdachlosenasyl in Hartford. Manche haben Erfolg: Das Innere der Pressestelle, die immer noch in einem Wohnwagen untergebracht ist, weil nicht jeder Bereich mit der rasanten Entwicklung im Reservat Schritt halten konnte und noch keine Zeit für einen Neubau war, die Wände dieses Inneren also sind gespickt mit Danksagungen von einer *high school* bis zum lokalen Ableger von CNN – »für die großzügige Geldspende«. Im Falle der *high school* steht jetzt dafür »Indianerkultur« auf dem Lehrplan. Das Baseballstadion der Norwich Navigators haben die Indianer mit einer fünfhunderttausend Dollar Spende vor dem Aus gerettet. »Als wir noch arm waren, hat sich niemand für uns interessiert«, meint Robert Hayward und grinst. »Jetzt, wo wir ein Casino haben, klopfen alle an.« Aber man ist großzügig: Kürzlich erst gingen zehn Millionen Dollar beim geplanten *National Museum of the American Indian* in Washington ein – die größte Spende für den Bau überhaupt.

Doch das Recht auf das größte – und natürlich teuerste – Museum, das der Geschichte der

Indianer gewidmet ist, behielten sich die Mashantucket vor. In der Umgebung von Foxwoods gibt man sich nicht mit dem Pressen einer Sprach-CD ab, nein, man setzte den 135-Millionen-Dollar-Overkill hin. Wie sein älterer Bruder, das Casino, ist das Mashantucket Pequot Museum selbstverständlich eine Sammlung von Superlativen. In einer riesigen Halle ist ein Dorf aus dem 16. Jahrhundert en détail nachgebaut, rauschender Bach, aufsteigender Rauch, Vogelgezwitscher und Waldgeruch inklusive. Foxwoods' Kunstwelt setzt sich hier fort. Auf fünf Stockwerke verteilt sich die Geschichte der Pequots – angefangen in der Eiszeit, in die der Besucher durch eine Gletscherspalte gelangt. Angeschlossen ist ein Forschungsinstitut, auch wenn keiner so richtig zu wissen scheint, wer dort eigentlich was erforschen soll.

Egal, viel wichtiger ist etwas anderes: Seit 1993 hat Foxwoods 618,5 Millionen Dollar an den Staat Connecticut gezahlt. Die Spielhölle ist damit die größte einzelne Einnahmequelle im Staat. Ein Viertel der Einnahmen aus den *slot machines* fließt nämlich direkt in die Hauptstadt Hartford. Foxwoods sichert sich damit das Casinomonopol in Connecticut. Der Stamm und sein Geld sind zum wirtschaftlichen Gravitationszentrum von Connecticut geworden. Von den 11.500 Angestellten waren viele vor kurzem noch arbeitslos, das Ende des Kalten Krieges bedeutete auch das Ende der Atom-U-Boot-Industrie im benachbarten New London. Heute betreibt der Stamm eine pharmazeutische Firma, mehrere Hotels und einen Beratungsservice für andere Stämme, die in das Casinobusiness einsteigen wollen. Auch die Fähre Sassacus, die Casinogäste aus New York holt, gehört den Pequots. Eine Druckmaschinenfabrik, ein historisches Restaurant und eine Werft haben sie aufgekauft, und weil immer noch Geld übrig war, steckte man es in die Produktion eines Foxwoods-Parfüms.

Was sind diese Casinos? Die kommerzielle Schnittstelle zwischen den Interessen von »Rothaut« und »Bleichgesicht«? Oder sind sie mehr, sind sie der letzte Krieg zwischen Indianern und Weißen, nicht mit Gewehren und Pfeilen, sondern mit notariellen Beglaubigungen von Grundstückskäufen, mit Unternehmensgründungen, mit Schecks und *greenbacks*? Also ein Krieg, in dem die Indianer die Weißen mit deren eigenen Waffen schlagen? »Erfolg ist die süßeste Rache«, meint Robert Hayward dazu nur.

Bis zum Ausgang sind noch andere Schlachten zu schlagen: Gerade eben haben die Mashantucket ihr Casinomonopol in Neuengland verloren; nur zwanzig Autominuten weiter westlich haben die Mohikaner kürzlich ebenfalls ein Super-Casino aufgemacht. Richtig, die Mohikaner, die seinerzeit an der Seite der Engländer die Pequots abschlachteten. Plötzlich sind die alten Feinde aufgetaucht, als neue Konkurrenten.

Der Auszug aus Chocolate City

Warum die schwarze Mittelklasse von Washington, DC aufs Land gezogen ist – und jeden Sonntag in die Stadt zurückkehrt

Für die alte Dame im weißen Kostüm gibt es kein Halten mehr. Sie tritt aus der Bank raus in den Mittelgang, geht leicht in die Knie. Dann reckt sie die rechte Faust nach oben und schreit: »All right, son!« Zwei Reihen dahinter wischt sich eine jüngere Frau Tränen aus den Augen, ihr Nachbar erwidert immer wieder mit einem »Yeah!« oder »Right!« die Hallelujas des Kirchenchors.

Ein gewöhnlicher Baptisten-Gottesdienst wie es ihn vielfach sonntags in Washington gibt. Und doch ist er ungewöhnlich: Er findet an der 12. Straße statt. Hier hat das Washington der Anwälte, Regierungsmitarbeiter und Lobbyisten längst aufgehört und das der Arbeitslosen, Drogendealer und Sozialhilfeempfänger bereits begonnen. Trotzdem lauscht das verzückte Publikum der Predigt von Reverend Kevin Turner in eleganten Anzügen, topmodernen Kostümen und Hüten, die an Extravaganz denen des britischen Königshauses nicht nachstehen. Auf seinen Aufruf »Seid bescheiden und zufrieden mit dem, was ihr erreicht habt«, landen Zwanzig- oder sogar Fünfzig-Dollar-Noten in der Kollekte. Das Jahresbudget der Kirche beläuft sich auf dreieinhalb Millionen Dollar. Mit dem Geld finanziert die Gemeinde unter anderem den großen Flügel und die beiden Schlagzeuge neben dem Altar oder die Kameras, die den Gottesdienst auf eine Leinwand über dem Chor übertragen. Und es bezahlt damit die Männer mit den Metropolitan-Baptist-Church-Westen, die während des zweistündigen Gottesdienstes draußen um den Block patrouillieren und darüber wachen, dass keiner der Anwohner den PS-starken Buicks, Lexus oder BMWs zu nahe kommt. »Lasst uns Gott danken, dass er euch den weiten Weg hierher gebracht hat«, ruft Reverend Turner zum Abschied in den Kirchenraum. Dann winken die Wachleute all die teuren Autos zu einem langen Konvoi zusammen, der die 12. Straße hinunterrauscht – vorbei an abblätternden Hausfassaden, ausrangierten Sofas, die auf dem Bürgersteig stehen, und vorbei an Alkoholläden, die ihre Besitzer mit Panzerglas und Maschengitter vor Einbrechern schützen. Der Spuk ist zu Ende, die Nachbarschaft in ihren tristen, schmucklosen Grundzustand zurückversetzt.

In dieser Gegend Washingtons sieht man sonst kaum elegant gekleidete Menschen. Das Einzige, was die Bewohner hier mit den sonntäglichen Invasoren gemeinsam haben, ist die Hautfarbe. Mehr als neunzig Prozent der Kirchenmitglieder sind Afro-Amerikaner, und kaum eines der Gemeindemitglieder wohnt noch in Washington. Sie kommen allenfalls zum Arbeiten oder eben für den Gottesdienst in die

Stadt. Für die meisten ist Prince George's County das Fahrziel – ein Landkreis im benachbarten Staat Maryland, eine knappe Autostunde entfernt. Wer es sich leisten kann, geht weg aus Washington. Weg von der Kriminalität und den Schlaglöcherstraßen, weg von hohen Steuern und unfreundlichen Beamten, weg von überteuerten Wohnungen und schlechten Schulen, weg aus dem Ghetto. Allein in den achtziger Jahren haben fünfzigtausend Schwarze Washington verlassen und sind in die *suburbs* gezogen. Prince George's County wurde so innerhalb kurzer Zeit zum reichsten Landkreis der USA mit einer schwarzen Bevölkerungsmehrheit – und zu einem Symbol für schwarze Prosperität. Noch nie gab es so viele Afro-Amerikaner im oberen Mittelstand. In den letzten beiden Generationen hat sich allein die Zahl schwarzer Akademiker und Manager in den USA vervierfacht, ebenso die Zahl der Familien mit einem Jahreseinkommen von mehr als fünfzigtausend Dollar. Das ist der größte ökonomische Sprung in der kürzesten Zeit, den je eine Bevölkerungsgruppe in Amerika gemacht hat.

Und gerade dieser Erfolg, der es erlaubt, den heruntergekommenen Vierteln Washingtons den Rücken zu kehren, verschärft die Probleme der Stadt. Was die Emigranten nämlich zurücklassen, ist eine verarmte Unterschicht, in deren Alltag sich das Krebsgeschwür »Armut, Drogen, Gewalt« weiterfrisst. Die Kluft zwischen armen und reichen Afro-Amerikanern wächst. Die *Washington Post* spricht von einer »Bedrohung für Washington« und das *Wall Street Journal* von einem »Exodus der Desillusionierten«.

Mit dem Massen-Wegzug könnte eine Geschichte zu Ende gehen, auf die die schwarze Bevölkerungsmehrheit immer mit Stolz geblickt hat. »Chocolate City« wurde Washington, DC von seinen Bewohnern lange Zeit liebevoll genannt. Hier lebten und leben überdurchschnittlich viele schwarze Künstler, Wissenschaftler und Politiker. Der Abolitionist Frederick Douglass zum Beispiel und der Jazzmusiker Duke Ellington. Hier fanden in den dreißiger Jahren die ersten Aktionen der Bürgerrechtsbewegung statt, die dann in den fünfziger und sechziger Jahren so viel Furore machte. Hier öffnete 1867 nach dem Bürgerkrieg und der Abschaffung der Sklaverei die Howard University ihre Pforten – für schwarze Studenten. Auch heute noch sind 87 Prozent der Studenten Afro-Amerikaner. Howard rühmt sich, mehr als ein Viertel der schwarzen Ärzte der USA ausgebildet zu haben. Washington war die heimliche Hauptstadt der erfolgreichen schwarzen Mittelklasse Amerikas.

Heute ist es die Hauptstadt von Kriminalität und sozialem Verfall. Nirgends in den USA werden so viele Menschen ermordet, nirgends ist die Kindersterblichkeit so hoch. Washington macht Schlagzeilen mit den »zweitschlechtesten Brücken im Land«, mit Postämtern, die schließen müssen, weil Ratten die Post annagen, oder mit Leitungswasser, das mit gefährlichen Bakterien verseucht ist. »Diese Stadtverwaltung hat aufgehört zu funktionieren«, bringt es Janell Williams, eine Sozialarbeiterin, auf den Punkt.

Daniel Dotson hat vor zehn Jahren die Zeichen der Zeit erkannt. Er gab sein Haus in der Nähe der Metropolitan Baptist Church auf und ließ sich mit Frau und dem damals sechs Jahre alten Sohn in Prince George's County nieder. Mit Rasen bis zur Straße und einem Basketballkorb in der betonierten Garageneinfahrt – wie es sich für ein amerikanisches Vorstadtleben gehört. »Damals waren wir die ersten Schwarzen in unserer Straße, heute sind es mehr als zwei Drittel der Bewohner«, sagt der 56-jährige Frühpensionär, der im Management der Verkehrsbetriebe arbeitete. »In meiner Jugend war ich stolz, in Washington aufzuwachsen. Aber jetzt sollte man dort leben, wo es für eine Familie am besten ist.« In seiner Jugend habe es einen starken Zusammenhalt in der schwarzen Bevölkerung Washingtons gegeben, erzählt Dotson. Die Vorstädte beherrschten die Weißen. »Heute wird uns, die wir aus der Hauptstadt weggehen, vorgeworfen, dass wir die schwarze Gemeinde spalten und die anderen mit ihren Problemen alleine lassen«, sagt Dotson.

Und deshalb treiben nicht nur Arbeitsplätze oder Gottesdienste, sondern auch ein schlechtes Gewissen die »schwarze Elite« zurück in den Moloch Washington. Basketballwettkämpfe oder Spielabende werden organisiert, um die Jugendlichen von Drogen und Verwahrlosung weg und »auf die richtige Schiene« zu kriegen. Die Metropolitan Baptist Church veranstaltet für ihre

Nachbarn Straßenfeste und unterstützt alleinerziehende Mütter mit zwei Kindergärten. »Hier wurde unsere Kirche 1864 gegründet und hier werden wir auch gebraucht«, sagt Reverend Turner. »Ganz gleich, von wie weit unsere Mitglieder herkommen.« Das sonntägliche Pendeln zur Metropolitan ist daher mehr als ein gewöhnlicher Kirchgang: Es ist auch eine Demonstration der Hoffnung, dass Washington für die Schwarzen Amerikas wieder eine Zukunft bietet.

Jazz, Cappuccino – und eine Menge Vorleser

Die Expansion der »super bookstores« bringt Kulturleben in die Kleinstädte

Ob es Fresno jemals in die Top Ten der aufregendsten Städte Amerikas schafft, ist fraglich. Wenn es einen Grund gibt, in Fresno anzuhalten, dann weil die Stadt der geografische Mittelpunkt Kaliforniens ist, weil hier die weltgrößte Trockenobstverpackungsfabrik steht oder weil man tanken muss. Gerade erst wurde Fresno ins »Nationale Register Historischer Orte« aufgenommen, weil es in den dreißiger Jahren die fortschrittlichste Müllkippe seiner Zeit hatte.

Die Fresnoer verbringen ihre Freizeit hauptsächlich in der *shopping mall*, beim Rasenmähen oder in ihrem Zoo. In den letzten fünf Jahren hat sich dieses Repertoire beachtlich erweitert: Es gibt jetzt Jazzabende, einen Schachclub, »Eiscreme-selbst-gemacht«-Kurse, Französischkonversation oder Pyjama-Märchenstunden für Kinder. Der Clou: Die Spektakel sind alle gratis und finden immer am selben Ort statt: 7722 North Blackstone Avenue. Hier hat Borders 1997 einen seiner *super stores* eröffnet. Borders ist nach Barnes & Noble und vor Books-A-Million die zweitgrößte Buchhandelskette der Vereinigten Staaten. Steckt man für die 346 Borders-Niederlassungen Stecknadeln in eine USA-Karte, stauen sich die bunten Köpfe nicht in den Metropolen – wie bei großen Buchhandlungen üblich –, sondern verteilen sich gleichmäßig übers Land.

Borders hatte es von Anfang an auf *suburbia* und die Provinz abgesehen. Als sich diese *super bookstores* vor gut zehn Jahren auszubreiten begannen, sah die intellektuelle Elite der USA schwarz für die Bibliophilie des Landes. Nach dem Motto »Big business is bad business« prophezeiten die Feuilletons der großen Blätter intellektuelle McDonald's, die außer Kalendern und Glückwunschkarten nur Bestseller, Ratgeber und CDs verkaufen – Schleuderware halt. Gute Literatur, neue Autoren, kleine Verlage hätten dann kaum noch eine Chance, ins Sortiment zu gelangen. Die Sonderangebote würden bald kleine unabhängige Buchhandlungen vom Markt verdrängen. Nur durch deren Vertrieb könne wahres Schrifttum gedeihen. Die kleinen Buchhandlungen stimmten dann auch in die Klagegesänge ein. »Man kann Bücher nicht wie Cornflakes verkaufen«, meinte zum Beispiel Bill Petrocelli, der in Corte Madera, nördlich von San Francisco, eine kleine Buchhandlung betreibt. Der Untergang amerikanischer Literatur schien nahe zu sein.

Das amerikanische Volk allerdings scherte sich wenig um das Gejammer. Vielmehr begann es, Gefallen an den Buchriesen zu finden. Denn die Brüder Tom und Louis Borders in Ann Arbor im Bundesstaat Michigan entwickelten ein neues Konzept. Sie hatten 1971 mit einem kleinen Shop auf dem Campus der University of

Michigan angefangen. Ihre Kunden waren Studenten, die zwischen den Vorlesungen auf den ausrangierten Sofas der Borders-Brüder lesend rumlungerten. Statt viel Geld brachten sie viel Zeit mit. Zeit, die man zusätzlich mit Musik und Essen füllen kann. Also erweiterten Tom und Louis das Angebot um Kaffee und *cookies* und Platten. »An unserer Philosophie hat sich bis heute nichts geändert«, sagt Ann Binkley, die Sprecherin von Borders. »Unser Ziel ist es, Bücherkaufen zu einem kulturellen Erlebnis machen. Den Kunden soll es Spaß machen, den ganzen Sonntagnachmittag bei uns zu verbringen.«

Deswegen stehen bei Borders nicht einfach nur ein paar Regalreihen mit durchschnittlich 150.000 Titeln herum, sondern es gibt in der Mitte ein Café mit Tischen, Stühlen und vier Cappuccino-Varianten, Sessel und Sofas, klassische Musik aus Lautsprechern, ein kulantes Rückgaberecht, Öffnungszeiten bis Mitternacht und saubere Toiletten – eine Mischung aus Buchhandlung, Bibliothek und Kaffeehaus. An den Cafétischen fläzen sich nach wie vor Studenten und schreiben Seminararbeiten, Rentner kommen zum Kaffeetrinken und Lesen, junge Mütter parken ihre Kinder zwischen Rutsche und Schaukelpferd im *kids' korner* und treffen sich ein paar Meter weiter auf einen Frappuccino. Immerhin: Für kaffeebesudelte Bücher kommt die Filiale auf. »Das ist halt Teil unseres Einkaufsvergnügens, aber es kommt zum Glück nur selten vor«, sagt Ann Binkley. Die neunhundert Barnes & Noble-Niederlassungen verfolgen das gleiche Konzept des gemütlichen *super store*, wobei sowohl Barnes & Noble als auch Borders für sich reklamieren, es entwickelt zu haben.

Wie dem auch sei, Tom und Louis eröffneten in den achtziger Jahren weitere Dependancen, luden dort Autoren zu Lesungen und Signierstunden ein. Diese Abende waren so beliebt, dass bald die Autoren ausgingen. Aber *small-town*-Amerika wollte mehr Unterhaltung, und Borders wollte mehr Kunden. Ersatzentertainment musste her. 72 *area marketing managers* und *community relations coordinators* und elf *national event specialists* vereinbaren inzwischen jeweils am Ort Termine mit Autoren, Sängern, Künstlern, Dozenten und sorgen für Kurzweil – mit eigenem Aktionsbudget pro Filiale und unter Berücksichtigung des jeweiligen Lokalkolorits: Bridge-Abende im Rentnerparadies Florida, *get-together-game-nights* in der Spielerstadt Atlanta, ein Vortrag über »Bequemes modernes Leben mit alternativen Energien« im Stromkrisenstaat Kalifornien.

Die Filialen sind längst Ersatzvolkshochschulen. Unterhaltung ist an die Stelle der Sonderangebote getreten, die Ketten machen nicht länger auf billig, sondern auf aktiv. Denn wo ein Teilnehmer oder Zuschauer, da ein potenzieller Buchkäufer. Ihre Lockrabatte bis zu dreißig Prozent, vor allem auf Bestseller und gebundene Ausgaben, haben Barnes & Noble & Co. in den vergangenen zwei Jahren still und leise eingeschränkt. Über die regulären Preisen werden die

Honorare mitfinanziert – zumindest wenn eines anfällt. »Für die meisten Aktionen zahlen wir wenig oder nichts: wenn zum Beispiel eine lokale Band auftritt und wir ihr dadurch ermöglichen, sich und ihre CDs vorzustellen. Oder wenn wir einem Masseur Gelegenheit geben, sein Können und damit sein Geschäft zu präsentieren«, erklärt Ann Binkley das Prinzip.

Das neue Konzept ging auf. Die Krisenmonate der amerikanischen Wirtschaft in den späten Neunzigern haben Barnes & Noble und Borders, verglichen mit anderen Branchen, gut überstanden. Borders unterhält inzwischen 18 Niederlassungen in Großbritannien, Australien, Neuseeland, Puerto Rico und Singapur.

Nachdem sie andere Ketten und Buchhandlungen geschluckt hatten, gingen Borders und Barnes & Noble Mitte der neunziger Jahre an die Börse. Entgegen den Unkenrufen sind weder die Unternehmen untergegangen noch die Vielfalt der Literatur. Im Gegenteil: Barnes & Noble zum Beispiel hat 1985 eine Abteilung zum Auffinden vergriffener Titel eingeführt. Beide Ketten fördern mit eigenen Programmen junge, unbekannte Autoren. Gerade wegen ihrer riesigen Stellflächen haben sie Platz für Titel jenseits des Massengeschmacks.

»Das Buchgeschäft in den USA war lange eine elitäre Angelegenheit. Ich habe es davon befreit«, erklärt Leonard Riggio, der Vorstandsvorsitzende von Barnes & Noble, in einem Interview mit *Business Week* selbstbewusst. Früher gab es kleine Stadtbuchhandlungen für die geistige Elite und Taschenbuchregale in Supermärkten und *drug stores* für die vermeintlichen Banausen auf dem Land. »Dank der Ketten und des Internets ist dieser Gegensatz jetzt aufgehoben«, schreibt Brooke Allen, Reporterin des *Atlantic Monthly*, die die Expansion der Superketten seit langem beobachtet. Und dank Oprah Winfrey, der Talkshow-Königin des amerikanischen Fernsehens. In ihrer Sendung stellt die erfolgreiche TV-Dauerschwätzerin Autoren und Bücher einem Publikum vor, das sich mehrheitlich bis dato nicht durch seine Liebe zur Literatur ausgezeichnet hat. Die besprochenen Werke mit dem Hinweis »Empfohlen von Oprah« gut sichtbar zu präsentieren, ist inzwischen für Buchhandlungen ein Muss. Bernhard Schlink beispielsweise war Gast bei Oprah, und so schaffte es »Der Vorleser« zum Bestseller in den USA. Eine völlig neue Leserschaft wuchs in kurzer Zeit im kulturellen Brachland, in den Fresnos der USA. Die Stadt wurde übrigens 2000 zur *All American City* gewählt. Der Titel macht Fresno nicht aufregender, aber ein wenig liebenswerter.

Mädchen sind doof

Wie die »political correctness« an sich selbst gescheitert ist

Als der Präsident sein Volk zur Ordnung rufen wollte, da war ihm klar, dass er zu einem Volk von Fernsehkunden sprach: »Wir brauchen eine Nation, die mehr den ›Waltons‹ ähnelt als den ›Simpsons‹, ein Amerika, das die Welle von Unzivilisiertheit und Intoleranz zurückweist.« Es war 1992, als George Bush senior diesen Appell an Amerika richtete; das Parlamentsprotokoll vermerkte als Reaktion: »Gelächter«. Der sarkastischen Zeichentrickserie über eine verrückte Familie setzte Bush die intakte Großfamilie mit Garantie aufs *happy ending* entgegen – und Amerika wunderte sich nur kurz über die Realitätsferne seines obersten Dienstherrn.

Hätte Bush heute wieder Gelegenheit zu einem Appell an die Nation, er würde wohl dazu aufrufen, sich ein Beispiel an den »Simpsons« zu nehmen. Denn die sind harmlos gegen »South Park«, das »Die Simpsons« als Kultserie abgelöst hat. »South Park« ist der große Horrorladen – ein explosives Gemisch aus Blasphemie, Rassismus, Homophobie und Antisemitismus. Zur besten Einschaltzeit beschimpfen dort vier neunjährige Kinder einander mit Sätzen wie »Deine Mutter ist eine dreckige Schlampe!« oder »Blöder Homo!«; »Jude« ist ein Schimpfwort, und gelegentlich kriegt man zu hören, dass alte Menschen am besten vergiftet werden sollten und Mädchen sowieso das Allerletzte seien.

Cartman, Kyle, Stan und Kenny heißen die Hauptdarsteller der amerikanischen Zeichentrickserie, die in einer fiktiven Kleinstadt in Colorado spielt. Sieben Millionen Zuschauer freuen sich Woche für Woche an den Sprüchen, vor denen der Kabelkanal Comedy Central jedesmal warnen muss: »Für Kinder und Jugendliche ungeeignet. » Mehr als 150 Millionen Dollar haben die Macher der Kultserie im vergangen Jahr mit Stoffpuppen, Baseballmützen, Kugelschreibern und natürlich mit Kaffeetassen eingenommen, auf denen die minderjährigen Monster mit ihren überdimensionalen Köpfen abgebildet sind. Hausfrauen, Studenten, Kfz-Mechaniker und Bankangestellte tauschen sich auf den 250 Websites darüber aus, wie phantastisch sie »South Park« finden.

Läuft die amerikanische Fernsehnation Amok? Nein, Amerika genießt nur trotzig den Verstoß gegen alle Verbote und Vorschriften, welche die Wortführer der *political correctness* im Laufe des letzten Jahrzehnts erlassen haben – womit sie sich freilich nur an den Universitäten durchsetzen konnten. »South Park« ist die pure politische Unkorrektheit.

Dabei war alles so gut gemeint gewesen. *Political correctness*, das war noch einmal der Glaube daran, dass am Anfang das Wort sei und nichts als das Wort. Es war die Utopie, dass die

Verhältnisse sich ändern würden, wenn man nur die Bezeichnungen für diese Verhältnisse änderte. Schwarze, Schwule, Behinderte hießen nun anders, und Neologismen wie *African American* oder *physically challenged* sollten nach der semantischen möglichst auch die materielle Diskriminierung verschwinden lassen. Der gedachte Gegner dieser Operationen, das waren die europäisch geprägten, kapitalismusergebenen und schwanzgesteuerten alten weißen Männer, deren kulturelle Dominanz gebrochen werden sollte.

Kohorten von Neo-Puritanern – zumeist Universitätsprofessoren mit gesicherten Lebenszeitstellen – schickten sich an, die schöne neue Welt zu formen. Sie säuberten Lehrpläne, dachten afrozentrisch, setzten das unterprivilegierte Ghetto-Kid als Quotenstudenten in den Hörsaal und erteilten Sprachverbote. Ihr Ideal war eine Gesellschaft, in der alle Minderheiten im unterdrückungslosen Raum füreinander dauerhaft sensibilisiert waren, und allen gleich war das universelle Recht, nicht beleidigt zu werden. Es war ein linguistisches Lourdes, wie es der *Time*-Autor Robert Hughes nannte, wo das Böse durch ein kurzes Eintauchen in das Wasser der Euphemismen für immer verbannt war.

Doch die Saat der Sensibilität ging nicht auf. Die selbsternannten und, Ironie dieser Revolution, zumeist weißen und männlichen Wortführer übersahen allzu häufig die eigentlichen Interessen ihrer Schützlinge. Der neue Paternalismus klebte allen das Etikett »Opfer« auf, auch denen, die der Ansicht waren, ganz gut ohne Befreiung von ihren Unterdrückern zurecht zu kommen. Und so rieben sich die Amerikaverbesserer die Augen, als ein Teil der Ghetto-Jugend es vorzog, sich *niggers* statt des verordneten *African Americans* zu nennen.

Auch die Frauen wurden zickig und verließen die Wärmestuben der Schutzgemeinschaft, etwa, als sich die *pc*-tauglichen, antieurozentrischen Bücher afrikanischer Autoren als frauenverachtende Pamphlete entpuppten. Bücher wie »Things Fall Apart« des Nigerianers Chinua Achebe zum Beispiel, das lange die Hitliste des neuen Kanons anführte und in dem der schwarze Protagonist eine seiner vier Frauen mit dem Gewehr verjagt, den anderen bedingungslosen Gehorsam abverlangt und schließlich seinen eigenen Sohn umbringt.

»South Park« ist nur die bizarrste Blüte einer Gegenbewegung, die sich auf dem Terrain der (ehemals) politisch Korrekten breitmacht. Wieder einmal ist eine amerikanische Bewegung an ihrem eigenen Eifer erstickt. 1919 drehte die Prohibition die Bierhähne zu, woraufhin der Alkohol in noch breiteren Strömen floß. Später kamen die Gesundheitsapostel, die das Cholesterinschlemmen zur amerikanischen Ursünde erklärten, dicht gefolgt von den Nikotinhassern, die ubiquitäre Rauchverbote durchsetzten. Heute sind zwei Drittel der Amerikaner übergewichtig, ein Rekord. Und Zigarrenqualm gilt als Zeichen des guten Geschmacks. Mit der sogenannten Republikanischen Revolution 1994 begann die Reconquista des weißen Mannes. In den vergangenen Jahren haben mehr als ein Dutzend Bundesstaaten Gesetze eingeführt, die *affirmative action*, also die Vorzugsbehandlung von Minderheiten verbieten. Kalifornien hat 1997 mit seiner »Proposition 209« sämtliche Quoten für Frauen und Angehörige von Minderheiten an öffentlichen Einrichtungen einschließlich der Hochschulen abgeschafft. In Maryland ließen Schulaufsichtsbehörden zwei Klassiker von schwarzen Schriftstellern aus dem Curriculum der neunten Klassen entfernen, weil sie in ihren Augen anti-weiß waren. Den Liberalen ist aufgefallen, wie stark die Sittencodices der *political correctness* der Prüderie der Ultrakonservativen ähnelt. Und der Philosoph Richard Rorty, auch er ein Linker, mahnt das progressive Amerika, sich mehr mit den materiellen und weniger mit den semantischen Differenzen zu beschäftigen.

Die Lehre der politischen Korrektheit hat versucht, eine alte Intoleranz mit einer neuen zu vertreiben. Damit brach sie mit dem amerikanischen Credo: Menschen sind zuallererst Individuen. Sie sollen sich durch ihre Leistung bewähren, nicht durch ihre Hautfarbe, ihre Religion, ihr Geschlecht oder ihre sexuelle Präferenz. In »South Park« hat jeder das gleiche Recht darauf, beleidigt zu werden. Genau das macht die Serie so unparteiisch – und so populär.

Markiert mit dem roten »N«

Eine Frau sucht Mörder: Das Doppelleben der Staatsanwältin Linda Fairstein

Wer in New York ein Verbrechen begehen will, sollte es nicht am Hogan Place tun. Auf Hogan Place 1 steht das Criminal Courts Building, das Strafgericht von Manhattan; südlich davon ist das Zivilgericht und nicht weit entfernt das Polizeihauptquartier. Zwischen diesen Organen der Staatsmacht wimmelt es von Anwälten, Pflichtverteidigern, Richtern, Polizisten und Wachleuten. Allein im Inneren des Strafgerichts wuseln sechshundert Staatsanwälte plus Mitarbeiter und Sekretärinnen durch die Gänge – auf der ständigen Suche nach Recht und Wahrheit. Das Gebäude aus den dreißiger Jahren ist grau, hässlich, hat kleine Fenster und dicke Mauern. Eines der Fenster im achten Stock lässt ein wenig Licht in das Büro von Linda Fairstein fallen, in dem sich auf zweieinhalb mal vier Meter Aktenberge stapeln.

Linda Fairstein führt ein Doppelleben: Werktags von acht Uhr morgens bis acht Uhr abends ist sie stellvertretende Bezirksstaatsanwältin von Manhattan und Leiterin der Abteilung für Sexualdelikte. An den Wochenenden und den 25 Tagen Urlaub, die ihr die Stadt New York pro Jahr gewährt, nennt sie sich Alexandra Cooper, ist stellvertretende Bezirksstaatsanwältin von

Manhattan und Leiterin der Abteilung für Sexualdelikte und arbeitet werktags von acht Uhr morgens bis acht Uhr abends.

Ein Fall von Schizophrenie? Nein, die Juristin schreibt nebenberuflich Krimis. Alexandra Cooper ist ihr Alter Ego in ihren Büchern, und das Berufs- und Privatleben der beiden Damen ist deckungsgleich. Okay, fast deckungsgleich: »Alex Cooper ist auf jeden Fall jünger, blonder und schlanker als ich«, sagt die 53-Jährige und lacht. Aber Alex Cooper liebt ebenfalls Eis der Marke Häagen Dazs, hasst Kochen, sie tanzt begeistert Ballett, kauft sich, wie ihre Schöpferin, jeden Morgen an dem Imbiss-Stand vor dem Criminal Courts Building einen großen Pappbecher Kaffee, weil er angeblich der beste ist in Lower Manhattan, und besitzt ein Haus auf der Insel Martha's Vineyard, wo sich die Bussi-Bussi-Gesellschaft der Ostküste sommers trifft.

Und dort, auf Martha's Vineyard, brütet die Schöpferin über einen Laptop gebeugt ihre mörderischen Geschichten aus. Beide Rollen beherrscht diese Frau mit Bravour: Linda Fairstein kann man ohne Übertreibung eine amerikanische Star-Staatsanwältin nennen, und Alex Coopers Fahndungen nach Mördern landen alle auf Bestsellerlisten. Es gibt sie in zwölf Sprachen, und sie machten Linda Fairstein in Deutschland, wo kürzlich ihr dritter Krimi – »Tod in Seide« – erschienen ist, zur Bertelsmann-Autorin des Monats.

Am meisten ist wohl sie selber von ihrem Erfolg als Schriftstellerin überrascht. Zumal es den

USA nun wirklich nicht an Krimiautoren mangelt. Umso mehr genießt sie ihre zweite Karriere mit all den Annehmlichkeiten. Allein der Vorschuss für ihren ersten Krimi »Final Jeopardy« (1996) hat ihr mehr Dollar eingebracht als fünf Jahre Beamtenjob. Aber eigentlich fing sie an zu schreiben, weil sie wütend war. »Ich habe mich oft über Krimis geärgert, in denen die Details der Strafverfolgung hinten und vorne nicht stimmten«, sagt sie. »Was ich eigentlich in die Krimiwelt bringen will, ist eine Portion Authentizität.«

Das ist stark untertrieben, denn Fairstein ist geradezu zwanghaft authentisch. Und kaum eine Einzelheit aus ihrem Privat- oder Berufsleben ist ihr heilig. Ihre Lieblingspizzerien gibt sie genauso preis, wie sie ihren Chef, den Bezirksstaatsanwalt von New York, originalgetreu porträtiert und den Fall einer erotomanischen Täterin zum Leitmotiv ihres ersten Krimis machte. Selbst ihr Alter-Ego-Name ist (fast) echt: Ein Bekannter von ihr heißt Alexander Cooper.

Um den eigenen Ansprüchen auf Authentizität zu genügen, braucht sie vor allem einen roten Filzstift. Wann immer ihr ein Absatz in einer Prozessakte, ein Umstand in einem Tathergang oder die Aussage eines Zeugen interessant erscheint, versieht sie die Akten und Protokolle am Rand mit einem dicken roten »N«; es steht für *novel*, Roman. Die »Sex-Staatsanwältin«, wie sie die *yellow press* nennt, hat außerdem eine Mission: Den Menschen die komplizierte Justiz und ihre Rechte zu erklären. Das klingt nach schwer werdenden Augenlidern, aber Fairstein schafft es, in den Kapiteln ihrer Krimis ein Jurahandbuch zu verstecken, ohne dem Leser die Lust auf die Jagd nach dem Mörder zu nehmen.

Vor allem aber erklärt sie die Arbeit ihrer Abteilung, die in den vergangenen 25 Jahren das Sexualstrafrecht revolutioniert hat. Im New York der frühen siebziger Jahre hätte eine vergewaltigte Frau vor Gericht gegen ihren Peiniger gar nicht aussagen können. »Aus Ermangelung von Vertrauen in die Glaubwürdigkeit und Ehrhaftigkeit von Frauen« brauchte sie einen Zeugen oder ein Indiz, um Anklage zu erheben – für ein Verbrechen, das selten in der Öffentlichkeit oder bei Tageslicht begangen wird. 1671 hatte der Oberste britische Richter, Sir Matthew Hale, einen Präzedenzfall geschaffen, weil »eine Vergewaltigungsanklage so schnell erhoben werden kann, dass es für den Mann schwierig ist, sich zu verteidigen, so dass hier mit größerer Vorsicht vorgegangen werden muss als bei anderen Verbrechen«. Hales Wort galt auch in den britischen Kolonien und in einigen amerikanischen Staaten und Bezirken noch zweihundert Jahre über die Unabhängigkeit von England hinaus.

Noch in den frühen siebziger Jahren waren Sexualdelikte ausschließlich Unterhaltungsstoff der Boulevardpresse, und das Opfer grundsätzlich *virgin or vamp,* also naive Unschuld oder heimtückische Verführerin. Seriöse Zeitungen waren sich für das Thema zu fein. »So etwas interessiert unsere Leser nicht, weil so etwas in deren Kreisen nicht passiert«, meinte damals der Gerichtsreporter der *New York Times.*

Von den damals 170 Anwälten im Bezirksgericht waren nur sieben weiblichen Geschlechts. Der Bezirksstaatsanwalt von Manhattan, Frank Hogan, zögerte, Frauen einzustellen, weil »ein Ort, der mit abgebrühten Kriminellen und mit Blut zu tun hat, kein Ort für eine Frau ist«. Fairstein drängelte sich 1972 dennoch rein, als »Prozessvorbereitungsassistentin«. Die promovierte Juristin fand sich damit ab, ihre Tage in der Bibliothek statt im Gericht zu verbringen, und versuchte, den Sticheleien der Kollegen mit Humor zu begegnen. Sie hatte nicht vor, die Welt zu verändern.

Aber die änderte sich gewaltig, als Hogan 1974 starb. Sein Nachfolger Robert Morgenthau nämlich fand, dass das Strafgericht sehr wohl ein Ort für Frauen sei, so sehr sogar, dass es Fairstein als erste Staatsanwältin in der Geschichte des Staates New York mit einer Leiche zu tun bekam und sie Anklage wegen Totschlags vertreten durfte. (Inzwischen stellen Frauen die Hälfte der Staatsanwälte New Yorks.) Morgenthau erkannte auch, dass Sexualdelikte ein eigener Tatbestand sind und eine eigene Abteilung brauchen. 1976 ernannte er Fairstein zur Leiterin dieser neuen Abteilung. Seitdem bestimmen Serienvergewaltiger, Sexmörder und Sadisten ihr Leben. Seitdem muss sie sich regelmäßig die Frage anhören, ob ihre Arbeit nicht ihr Verhältnis zu Männern beeinträchtige, und seitdem betet sie ihre Standardantwort herunter: »Ja, ich mag Männer.« Und: »Nein, nicht jeder ist ein potenzieller Vergewaltiger.«

Lindas Welt teilt sich eben nicht in gute Frauen und böse Männer auf. Im Gegenteil: Die Frauen, die in ihren Büchern auftreten, können verdammt unsympathisch sein. Scheuklappen gegen sexuelle und soziale Realitäten würden Fairstein bei der Verfolgung von Straftätern nicht voranbringen. Als der Evolutionspsychologe Randy Thornhill seine provokante These von der Vergewaltigung als Teil der menschlichen Natur in den Medien breittreten ließ und damit natürlich einen Aufschrei nicht nur unter Amerikas Feministinnen hervorrief, hörte sie interessiert zu. Sie bestreite nicht, »dass sexuelle Gewalt eine biologische Grundlage hat«, sagt sie. Für fragwürdig hält sie aber, dass Thornhill die Ergebnisse seiner Insektenstudien auf Menschen überträgt. »Vergewaltigung hat nichts, aber auch gar nichts mit sexueller Befriedigung zu tun. Es geht nur darum, eine Frau zu erniedrigen und damit die eigene Macht zu beweisen.«

Nein, ein Randy Thornhill kann sie nicht herausfordern. Eher schon Gesetze wie das »Earnest Resistence Requirement«, das vom Opfer verlangt, dass es sich so weit wie möglich zur Wehr setzt, egal, ob der Täter ihm ein Messer an den Hals drückt oder nicht. Fairsteins Truppe hat daran mitgearbeitet, das Gesetz in den Keller der Justiz zu verbannen. Und sie hat das »Rape Shield Law« mit auf den Weg gebracht, das die

Frau davor bewahrt, ihr sexuelles Vorleben vor Gericht ausbreiten zu müssen. Achtzig Prozent der Fälle, die sie vertritt, enden mit einer Verurteilung des Täters. Inzwischen findet ihre Abteilung landesweit Nachahmung, und – vielleicht ihr größter Triumph – sie hat sich mit der *New York Times* versöhnt: Deren Magazin widmete Linda Fairstein 1990 die Titelgeschichte.

Auch wenn sich einiges getan hat in den vergangenen 25 Jahren: Klischees und Vorurteile sind hartnäckig, und so sind Aussehen und Charakter des – weiblichen – Opfers immer noch immens wichtig. »Wir schließen jedes Mal Wetten ab, wann der erste Reporter fragt: ›Wie sah sie aus? Welche Haarfarbe hatte sie?‹«, sagt Fairstein. »Fragen, die nichts zur Lösung des Falls beitragen und die niemand bei einem Einbruch stellen würde.« Natürlich entkommen solche Reporter ihrem roten Filzer nicht. Genauso wie Fragen und Kommentare von Polizisten, Anwälten oder Angehörigen über den Charakter des Opfers, besonders wenn es einen alternativen Lebensstil pflegt und damit »eine Mitschuld trägt«.

Mittlerweile beteiligen sich auch Bekannte und Mitarbeiter beim Sammeln der roten »Ns«. Sie rufen an, wenn etwas Interessantes im Gericht passiert ist und fragen: »Kannst du das brauchen?« Selbst die Eitlen kommen auf ihre Kosten. »Ein Kollege schickte mir unter einem anderen Namen dauernd E-Mails und schlug darin vor, doch eine weitere Person, so wie ihn, in Alex Coopers Truppe einzuführen. Ich kam ihm irgendwann auf die Schliche, und er hatte Erfolg: Im nächsten Buch spielt er einen Polizisten.« Wer es auf die Rolle des Täters abgesehen hat, kann es unter ihrem Bürofenster, am Hogan Place versuchen. Ob es zu einem »N« reicht, ist allerdings fraglich, eher zu einem »I« – für *idiot*.

Das ganze Jahr Ferien

Warum immer mehr Eltern ihre Kinder daheim unterrichten

Das alljährliche *Back-to-school*-Fieber Ende August, wenn Amerika seine Supermärkte und Kaufhäuser stürmt, um Schuhe, T-Shirts, Blöcke, Ordner und Kugelschreiber für ein neues Schuljahr zu kaufen, löst bei Loren Mavromati nur Schulterzucken aus. Der Rhythmus aus Schule und Ferien ist der dreifachen Mutter fremd, erst recht das Gewusel rund um *back-to-school*. »Bei uns ist das ganze Jahr Schule, und wenn meine Töchter Ferien wollen, dann machen wir eben Ferien«, sagt die 37-Jährige. Loren Mavromati unterrichtet ihre beiden Töchter Christina, 10, und Anna, 14, zu Hause. Später wird der 13 Monate alte Michael dazustoßen. »Zu Hause« ist ein großzügig und modern gebautes Einfamilienhaus mit viel Grün drumherum in Redondo Beach, in den südlichen Ausläufern von Los Angeles. »In der Schule geht doch die meiste Zeit dafür drauf, dreißig Kinder in einem Raum zu bändigen. Mit zwei Kindern schafft man ein Pensum viel schneller. Daher können wir es uns auch leisten, mal mehrere Wochen nichts zu tun.«

Home schooling nennt sich das, was die Mavromatis betreiben, und es finden sich immer mehr Amerikaner, die sich vom etablierten

Schulsystem verabschieden und das Klassenzimmer gegen das eigene Wohnzimmer tauschen. Nach Angaben des Erziehungsministeriums werden 850.000 amerikanische Kinder von Mama und Papa unterrichtet, das National Home Education Research Institute nennt eine doppelt so hohe Zahl. Was auch immer man zur Grundlage macht, die Zahl der *home schooler* ist in den neunziger Jahren jährlich um elf Prozent gewachsen.

Früher war *home schooling* das Kuriosum christlicher Fundamentalisten, konservativer Möchtegern-Anarchisten, Hippies oder sonstiger Exzentriker, die das Seelenheil ihrer Kinder im öffentlichen Schulsystem der USA gefährdet sahen, weil sie es je nach Geisteshaltung als zu profan, zu liberal oder zu konservativ verdammten. Und die Lobby konservativer Christen war es auch, die die Legalisierung von *home schooling* in den achtziger Jahren in jedem der fünfzig Bundesstaaten erfolgreich durchsetzte. Inzwischen gesellen sich Amerikaner dazu, die einfach nur die Nase voll haben von überfüllten Klassen, demolierten Schulgebäuden, ausgefallenem Unterricht, schlecht ausgebildeten Lehrern und Schießereien.

Für Loren und ihren griechischen Mann Theo war es ein ganz simpler Grund: »Wir müssen aus beruflichen Gründen oft umziehen, und es ist jedes Mal lästig und Zeit vergeudend, sich einem neuen Curriculum anzupassen.« Inzwischen sind sie so überzeugte *home schooler*, dass sie sich sogar zur extremen Fraktion der so genannten *non-schooler* zählen, die kein geregeltes Lernen kennen. »Meine Kinder stoßen beim Fernsehen oder in einem Buch auf etwas, das sie interessiert, und wir sammeln dann Material dazu und behandeln das Thema«, erklärt Loren diesen »thematischen Ansatz«. »In den letzten Monaten haben wir uns viel mit der Geschichte des Nahen Osten auseinander gesetzt, aus aktuellem Anlass.« Im Moment steht bei Tochter Christina »Mittelalter« auf dem autonomen, imaginären Stundenplan, und sie malt am Esszimmertisch Bilder mit Rittern, Königen, Bauern und Bettlern. Währenddessen übt Loren mit Anna auf dem Wohnzimmersofa Algebra und Michael hält auf dem Fußboden Vormittagsschlaf.

Loren hat »Naturwissenschaften und etwas Pädagogik« studiert, danach als Webdesignerin gearbeitet. Aber was qualifiziert sie dazu, Geschichte zu unterrichten, und woher nimmt sie das Lehrmaterial? »Ich lerne zusammen mit ihnen, lese mich abends im Bett in die Themen ein. An das meiste erinnert man sich schnell wieder«, sagt Loren. »Eine Freundin von mir ist Biologin, sie kommt ab und zu vorbei und übernimmt das, mein Mann ist für Physik zuständig. Ich mache Chemie mit ihnen. Natürlich haben wir hier kein Labor, aber für das Grundwissen reicht es allemal.«

Home schooler sind eine sehr gut organisierte Gemeinde mit regem Austausch von Büchern, Videos, Landkarten. Längst gibt es Verlage, die sich auf Unterrichtsmaterial für *home schooler* spezialisiert haben. Den Rest liefern die öffentlichen Bibliotheken – »Wir sind dort fast täglich«, so Loren – oder der Computer – »Ich kann mir gar nicht vorstellen, wie *home schooling* vor dem Internet funktioniert hat!« Eltern mit einem konventionelleren Mantra lassen morgens um acht eine kleine Ersatzschulglocke läuten, die Kids den Fahneneid schwören, und jede Stunde ein anderes Fach büffeln. Am Ende des Jahres dürfen sie dann doch in eine Schule, nämlich um zu testen, ob sie die dortigen Prüfungen bestehen. Einige Bundesstaaten verlangen das sogar, Kalifornien tut es nicht. »Tests brauchen wir auch nicht«, meint Loren, »ich habe meine Kinder ja jeden Tag um mich und sehe, ob sie Fortschritte machen. Manchmal wollen sie Noten als Bestätigung und dann gebe ich ihnen natürlich eine.« Nach Lorens Philosophie sollen die Kinder so früh wie möglich lernen, dass sie für ihre Ausbildung selber verantwortlich sind. »Ab und zu fahre ich mit ihnen bewusst durch heruntergekommene Viertel in Los Angeles und frage sie ›Wollt ihr später mal so leben?‹ Natürlich sagen sie dann: ›Nein‹. Okay, was braucht ihr für ein gutes Leben? Geld! Und womit kriegt man Geld? Mit einer guten Ausbildung! Sie sollen von sich aus erkennen, dass es wichtig ist, aufs College zu gehen.«

Seit *home schooler* im vergangenen Jahr beim College-Zugangstest SAT mit 1100 Punkten besser abgeschlossen haben als »normale« Schüler (1019 Punkte) und ein *home schooler* auch noch den Buchstabierungswettbewerb »National Spelling Bee« gewonnen hat, sind das Interesse an den *Home-school*-Methoden und die Kritik an den öffentlichen Schulen gewachsen. Aber sind bessere Schüler auch automatisch bessere Menschen? Wachsen *home schooler* nicht unter einer Käseglocke zu sozialen Krüppeln auf, jenseits von Gleichaltrigen und jenseits der Realität, die fordernd, unangenehm und brutal sein kann? Gerade in den USA prägt die Schule mit ihren vielen Aktivitäten neben dem Lehrplan das Leben der Jugendlichen. »Schule besteht aus mehr als nur aus Büchern«, mahnt Gerald Tirozzi, Vorsitzender der amerikanischen Schuldirektorenvereinigung, »die soziale Interaktion, der Streit auf dem Pausenhof, die Rivalität um ein Mädchen oder einen Jungen sind ein wichtiger Teil der Entwicklung.« Die 14-jährige Anna sieht darin keinen Widerspruch: »Wir haben dauernd Kontakt zu anderen Kindern. Wir machen zusammen Sport und wir sind bei den Pfadfindern.«

Inzwischen nimmt einer von fünf »Heimschülern« das Angebot öffentlicher Schulen wahr, an Fächern wie Physik oder Sport teilzunehmen. Die Direktoren haben großes Interesse, solche verlorenen Schäfchen zurückzugewinnen, da sich die finanziellen Zuwendungen des Staates oder des Schulbezirks an der Zahl der Schüler berechnen. Und es entlastet die Eltern, denn *home schooling* ist Vollzeitarbeit. Und für die meisten Eltern, beziehungsweise Mütter, heißt das, Karriere, ein zweites Einkommen und Freizeit der Ausbildung der Kinder zu opfern.

»Natürlich ist das oft hart, an mir bleiben 95 Prozent des Unterrichts hängen, weil mein Mann viel unterwegs ist«, sagt Loren Mavromati. »Aber ich weiß auch, dass sich der Job, den ich hier mache, langfristig viel positiver auf unsere Gesellschaft ausübt, als wenn ich Websites entwerfe.«

Zurück in die Zukunft

Das Zemeckis Center bei Los Angeles ist die erste volldigitale Filmschule in den USA

Wenn sich Macht an der Zahl von Schlüsseln misst, dann muss Douglas Wellmann ein sehr mächtiger Mensch sein. Für jeden Raum, den er betritt, und für jeden Stahlschrank, den er öffnet, wählt er einen neuen Schlüssel aus. Und es gibt hier viele Räume mit vielen Schränken. Wellmann ist Direktor, Chef vom Dienst und Hausmeister des gerade eröffneten *Robert Zemeckis Center for Digital Arts*. Mit seinem riesigen Schlüsselbund hütet er einen zwanzig Millionen Dollar teuren Computer-, Kamera- und Studioschatz. Er ist stolz auf sein Hightech-Reich und erinnert an einen kleinen Jungen, der Besuchern die Dinosaurierwelt in seinem Kinderzimmer zeigt, aus jeder Schublade einen Plastiksaurier zieht und dabei lässig Namen wie Ankylosaurus oder Stegosaurus fallen lässt.

Auch Wellmann hantiert mit Wortmonstern. Hinter jedem Schlüssel verbirgt sich eines. Der Fünfzigjährige holt einen Plastikkoffer aus einem Stahlregal, tippt auf die Kamera darin und murmelt »CGI operation«. Er sperrt ein Zimmer auf, deutet auf einen Haufen Computer und sagt »Xpress DV Systems« oder »Quantel Edit Box«. Die Terminologie ist exotisch, nur Digital-Junkies finden sich hier zurecht. Was um alles in der Welt ist eine »IBM IntelliStation M-Pro Workstation«, von der Wellmann gerade mit glänzenden Augen spricht? Nur eines versteht man auf Anhieb: Hier lernt die nächste Generation von Filmregisseuren ihr Handwerk, und dieses Handwerk wird der Beginn eines neuen Filmzeitalters sein. Eines Zeitalters, das längst begonnen hat, als zum Beispiel der Ankylosaurus auf die »Quantel Edit Box« traf und das Ergebnis »Jurassic Park« hieß. Steven Spielbergs Kinokassenschlager hat der Welt eindrucksvoll vorgeführt, was digitale Filmtechnik möglich macht.

Die Zukunft Hollywoods liegt 15 Kilometer südöstlich von Hollywood in einem ehemaligen Lagerhaus – eingekeilt zwischen dem Fuhrpark eines Gebrauchtwagenhändlers und dem Mülltonnenplatz eines Fastfood-Restaurants. Das Zemeckis Center ist ein grauer, fensterloser Klotz. Aber vielleicht braucht es draußen Tristesse, um drinnen Träume umzusetzen. Und die werden hier nicht mehr auf kilometerlangem Filmmaterial produziert, sondern auf Disketten. Das Zemeckis Center arbeitet als erste Filmschule der USA völlig digital. Ihr Wegbereiter Robert Zemeckis ist Absolvent der School of Cinema-Television und mit Filmen wie »Der Tod steht ihr gut«, »Forrest Gump«, »Falsches Spiel mit Roger Rabbit« oder der »Zurück in die Zukunft«-Trilogie einer der Pioniere von Animation und *special effects*.

Doch die meisten Regisseure bleiben dem konventionellen Dreh treu. Nur wenige haben sich bisher an die neue Technologie gewagt. Am kompromisslosesten tat das Zemeckis' Kommilitone George Lucas: Sein Film »Star Wars: Episode 2«, der im Frühjahr 2002 auf die Leinwände kam, ist der erste Film eines großen Studios, der von Anfang bis Ende digital aufgenommen und produziert wurde.

Fünf Millionen Dollar hat Zemeckis in den Hightech-Bunker gesteckt, von seinen Kollegen George Lucas und Steven Spielberg kamen jeweils zwei Millionen Dollar. Die großen Studios wie Universal, Fox, DreamWorks, Warner Brothers haben gespendet. Die restlichen Millionen kamen von Firmen wie Intel, Kodak, Lucent Technologies, Niagara Broadband, Sony. Wer tief in die Tasche langt, hat die Ehre, sich als Namensgeber für ein Studio oder Klassenzimmer zu verewigen. Andere Sponsoren dürfen ein Schild mit ihrem Firmenlogo an eine Wand nageln. Berührungsängste mit der Wirtschaft kennt man in Amerika nicht – im Gegenteil: »Die Schule ist stolz auf ihre enge Beziehung zur Unterhaltungsindustrie«, heißt es in einer Broschüre der School of Cinema-Television der University of Southern California, zu der das Zemeckis Center gehört. Diese enge Beziehung sichert der Schule seit Jahrzehnten das Überleben.

Mit 72 Jahren ist sie die älteste und renommierteste Filmschule der USA und jetzt auch eine der modernsten. Neben Robert Zemeckis und George Lucas haben hier John Carpenter (»Die Klapperschlange«), John Singleton (»Boyz

N the Hood«) oder Laura Ziskin (»Besser geht's nicht«) das Filmemachen gelernt. Hier hat Tomlinson Holman sein THX-Soundsystem entwickelt. Das Shrine Auditorium, in dem bis 2001 alljährlich die Oscars verliehen wurden, liegt nur ein paar Gehminuten entfernt. Seit 1950 kam es nur zweimal vor, dass kein Alumnus der School of Cinema-Television für einen Oscar nominiert war. Aber: »Es ist schwieriger, hier aufgenommen zu werden als an der Juristischen Fakultät von Harvard«, sagt Wellmann. Gerade mal sechs Prozent der Bewerber schaffen es.

Myrton Running Wolfe hat es geschafft. Der 32-Jährige hat erst ein paar Jahre am Broadway geschauspielert, bevor er sich an der Filmschule beworben hat. Jetzt sitzt er an einem der sechzig Avid-Computer und gibt seinem 16-Minuten-Übungsfilm über Drogenprobleme in dem Indianerreservat, in dem er aufgewachsen ist, den letzten Schliff. Myrton bindet seine langen schwarzen Haare zu einem Pferdeschwanz zusammen, bevor er auf den Unterschied zwischen dem Gestern und dem Morgen in der Filmwelt kommt. »Wenn man früher zum Drehen fuhr, brauchte man einen Lieferwagen, um das Material unterzubringen, heute reicht der Rücksitz eines Pkws«, sagt er. Dann verpasst er den Grasflächen in der Szene auf seinem Computerbildschirm mehr Grün. Früher hätte er die Sequenzen herausschneiden, vergrößern und sich mit einem Pinsel ans Werk machen müssen. Myrton und die anderen Regisseure von morgen brauchen eine Zusatzqualifikation: Sie müssen begeistert sein von Computern und fit im Umgang mit Hightech. Wenn sie ihre »IBM IntelliStation M-Pro Workstation« beherrschen, können sie Hollywood revolutionieren.

Willkommen im Hollywood des dritten Jahrtausends, der Filmstadt der wirklich unbegrenzten Möglichkeiten. Was bisher auf eine Filmrolle gebannt war, ist plötzlich ein beliebig verrührbarer Bilderbrei auf einer Festplatte. Alles ist jetzt möglich. Die richtige Animationssoftware lässt blaue Augen grün werden, transplantiert volles Haar auf Geheimratsecken, verlegt eine Szene aus den Häuserschluchten von Manhattan in die Felsschluchten des Grand Canyon. Dustin Hoffmann hat die digitale Technologie demonstriert, als er in »Wag the Dog« einen Regisseur spielte, der einen Albanien-Krieg in einem Filmstudio inszeniert.

»Ich kann Kühe über die Leinwand fliegen lassen, ohne dass sich die Kuh auch nur einen Zentimeter bewegt hat«, sagt Wellmann. Man kann Tote zum Leben erwecken, wie Zemeckis in »Forrest Gump« gezeigt hat, als Tom Hanks mit John F. Kennedy, Richard Nixon oder John Lennon sprach. Man kann Menschen elektronisch zu Krüppeln machen. Man braucht keine Tausendschaften Statisten mehr, weil man eine kleine Gruppe wie in »Stargate« in eine Masse verwandeln kann. Man braucht keine *stuntmen* mehr, weil ein paar Mausklicks in Zukunft die Schauspieler von Hochhäusern springen lassen. Man braucht weniger Material, weil man ein Auto nicht real gegen die Mauer fahren muss, sondern das der Software überlassen kann. Die Zukunft des Filmemachens ist nicht nur ungefährlicher, sondern auch billiger geworden.

Und sauberer: Wackelige Projektoren und beschädigter Film stören dann nicht mehr. Der fotochemische Entwicklungsprozess, der auf den Filmen Kratzer und Flecken hinterlassen kann, ist Geschichte. Es gibt dann keine wieder und wieder kopierten Filmrollen mehr, die verschickt werden, sondern das fertige Opus landet via Satellit und Kabel im Kino, und hat dort dieselbe Bildqualität wie das Original. Und die Projektionsflächen des digitalen Zeitalters können sich automatisch auf das jeweilige Filmformat einstellen. Das allerdings kann noch dauern. Ein Kino mit digitalem Projektionssystem auszustatten, kostet um die 150.000 Dollar. An der Ostküste kämpfen zur Zeit viele der Kinos um ihr Überleben. Geld für technische Umbauten werden sie kaum locker machen können. Überhaupt teilen längst nicht alle die Begeisterung für das digitale Zeitalter. »Die Seele eines Films ist die Geschichte, die er erzählt, und Erfindungsgeist kann nur aufkommen, wenn es Grenzen gibt für seine Umsetzung. Das Digitale sprengt diese Grenzen, und damit auch die Fantasie«, sagt eine Dozentin an der Filmschule. Worin liegt dann noch der Reiz für Filmemacher, wenn *special effects* alle Experimente am Drehort ersetzen? Ist die unendliche Manipulation das Ende des Filmemachens? »Der Reiz liegt darin, *special effects* zu nutzen, ohne es den Zuschauer merken zu lassen«, sagt Wellmann.

In »Verschollen«, dem Zemeckis-Werk über den notgewasserten Tom Hanks, gebe es Digitaltechnik, obwohl der Film von Anfang bis Ende wie »konventionell« produziert wirke.

Robert Zemeckis kommt es in erster Linie darauf an, die Möglichkeiten des digitalen Zeitalters ideal zu ergänzen. »Zum ersten Mal in der Geschichte des Films kann das, was auf der Leinwand passiert, die Vorstellungskraft der Drehbuchautoren übertreffen«, sagte der Regisseur bei der Eröffnung. »Damit sind wir genau an dem Punkt, an dem es eben wieder darauf ankommt, mit einer Kamera in der Hand eine gute Geschichte erzählen zu können. Und dieses Talent kann keine Computersoftware ersetzen.« Bisher zumindest nicht. Aber wie lautet das Motto dieser School of Cinema-Television? »Hier endet die Realität.«

Barbaras Bestechung

Warum eine kalifornische Hausfrau drogensüchtigen Müttern Geld zahlt, wenn sie keine Kinder mehr bekommen

Nach vier Kindern hatte Barbara Harris die Nase voll. Sie wollte nicht mehr jede Nacht wach bleiben müssen, weil Isiah sich ständig erbrach, Taylor nach Luft japste, Brandon von Schüttelfrösten geplagt wurde und Destiny laut weinte. Die Babys verlangten nach etwas, was ihnen ihre Mutter Woche für Woche über die Nabelschnur eingeflößt hatte: Crack. Statt greifen, sitzen und krabbeln zu üben, verbrachten sie die Säuglingszeit damit, ihre kleinen Körper zu entgiften. Die einzige Medizin, die ihnen Barbara und ihr Mann Smitty verabreichen konnten: Vollzeitbetreuung. Sie hatten zunächst Destiny adoptiert. Das war 1990. »Ein Jahr später rief mich die Sozialarbeiterin an und sagte, dass die Frau wieder ein Kind geboren habe und ob ich es auch übernehmen wolle. Das hat sich dann noch zweimal wiederholt«, erzählt sie. Die vier Geschwister sind heute elf, zehn, acht und sieben Jahre alt und clean. Sie kennen weder ihre leibliche Mutter noch ihre vier älteren Geschwister, die in Pflegeheimen aufwachsen.

Harris hatte genug von einem System, das drogenabhängigen Müttern erlaubt, drogengeschädigte Kinder in die Welt zu setzen. 1996 reichte sie in Kalifornien eine Petition für ein Gesetz ein, das Drogensüchtige dafür bestrafen soll, Kinder zu gebären. Es kam nicht zu einem Gesetzentwurf, dafür zu Protesten, als Harris in Amerikas populärer Talkshow »Oprah« für ihren provokanten Vorschlag warb. Also nahm sie die Sache selbst in die Hand, setzte aber auf Hilfe statt auf Strafe. Aber wie hilft man drogenabhängigen Müttern? Mit Gratiswindeln? Mit Moralpredigten? Nein, mit dem, was alle Menschen, ob süchtig oder nicht, lockt: mit Geld. Harris kam eine Idee, die durch ihre Einfachheit besticht und die dennoch in den USA – und wohl weltweit – einmalig ist. Harris besticht wirklich: Sie bietet Drogenabhängigen zweihundert Dollar cash, wenn sie mindestens ein Jahr lang Verhütungsmittel nehmen oder sich sterilisieren lassen. Alles, was sie dafür brauchen: Die Bestätigung einer Klinik oder eines Sozialarbeiters, dass sie drogenabhängig sind, einen ausgefüllten Fragebogen und die Unterschrift eines Arztes, dass sie verhüten.

Darf man so etwas? Darf man Menschen, die nach ein paar Dollar genauso lechzen wie nach dem nächsten Schuss, dafür bezahlen, dass sie sich nicht fortpflanzen? »Ja«, sagt die 49-Jährige, »die Teilnahme ist freiwillig. Moralisch anfechtbar wäre es, wenn ich für Sterilisation mehr Geld als für Verhütung bieten würde.« Wie verhindert sie, dass die zweihundert Dollar nicht ebenfalls in Drogen fließen? »Das kann ich nicht verhindern, oft passiert es auch. Ich kann nicht die Drogenprobleme dieser Frauen lösen, das müssen andere machen.« Längst hat sie sich angewöhnt, nur noch von Frauen zu sprechen. Es ist ein Mütter-Problem, die meisten Väter dieser Crack-Babys sind unbekannt oder unzurechnungsfähig.

Wie aus Trotz gab sie ihrem Programm den Namen CRACK – als Abkürzung für »Children Requiring A Caring Kommunity« (»Kinder, die eine fürsorgliche Gemeinschaft brauchen«), mit Sitz in Garden Grove, im südöstlichen Teil des Städtebreis um Los Angeles. 392 Frauen und vier Männer haben sich bisher an dem Programm beteiligt. 227 der Frauen nehmen Langzeitverhütung, 165 ließen sich die Eileiter durchtrennen, die Männer ließen sich – mangels alternativer Methoden – sterilisieren. Ihre Lebens- und Drogengeschichten auf den Fragebögen lesen sich wie Gruseldateien eines Gynäkologen: »Alter: dreißig, Schwangerschaften: neun, Abtreibungen: sieben, mit zwölf zum ersten Mal Drogen genommen«, »Alter: 22, vier Kinder, seit zehn Jahren drogenabhängig«, »zehn Schwangerschaften, neun Abtreibungen, mit dreizehn mit Drogen begonnen«, »fünfzehn Schwangerschaften, zwölf Abtreibungen, eine Totgeburt, ein Kind im Pflegeheim.«

Alle diese Frauen hätten Zugang zu Verhütungsmitteln gehabt. Die meisten hätten nicht einmal dafür zahlen müssen, sagt Barbara Harris, »aber keine war daran interessiert, verantwortlich zu handeln.« Nach Schätzungen der amerikanischen Gesundheitsbehörde wird jedes Jahr eine halbe Million drogengeschädigter Kinder in den USA geboren. Weniger als zwanzig Prozent dieser Kinder wachsen bei ihren leiblichen Müttern auf, die anderen achtzig Prozent landen in Pflegeheimen – für viele der gerade Weg in Kriminalität oder Obdachlosigkeit: Die Hälfte der Obdachlosen in Amerika hat laut Behörden ihre Kindheit in Heimen verbracht. Weniger als sieben Prozent der Pflegekinder finden Adoptiveltern. »Klar, wer will sich schon hantun, was sich mein Mann und ich angetan haben?«, fragt Harris.

Die blasse, korpulente Frau predigt ihre Idee nicht. Das liegt ihr fern, es würde zu viele Worte und damit zu viel Zeit in Anspruch nehmen. Eine Unterhaltung beginnt sie nicht mit den landesüblichen *How-are-you-doing*-Floskeln. Sie lässt sich auch nicht von Mitleid oder Grübelei aufhalten. Ihre Koordinaten lauten Effizienz und Pragmatismus. CRACK – das ist Barbara Harris, eine Sekretärin, ein paar hundert Freiwillige, die im ganzen Land Broschüren verteilen, eine Homepage und eine kostenlose Telefonnummer. Das Programm finanziert sich aus privaten Spenden, die von fünf bis fünfzigtausend Dollar reichen. Steuergelder sind für sie tabu, »weil dann die ersten Klagen von Bürgerrechtsgruppen kämen.« Sponsoren gibt es genügend, Prominente wie Oprah Winfrey, Amerikas berühmteste und erfolgreichste schwarze Talkmasterin, und solche, die lieber anonym bleiben wie der Texaner, der jeden Monat für Harris' Gehalt sorgt. »Wir schwimmen in Geld,« sagt sie und sieht dabei nicht mal zufrieden aus.

Barbara Harris versucht, nur dann im Büro zu sitzen, wenn die vier Adoptivkinder in der Schule sind. So entwickelt man das Talent, gleichzeitig Anrufe, E-Mails und Faxe zu beantworten, ein Interview zu geben – und eines zu organisieren. Harris greift zum Telefon: »Nicole, morgen kommt eine deutsche Reporterin zu dir. Mach ihr die Tür auf, okay? Zieh dir was Ordentliches an und räum vorher auf – sei so nett!« Kommandos, wenn auch freundlich verpackt. Kommandos sind ihre dritte Koordinate. Ohne sie würde sie in dem täglichen Morast aus Ignoranz, Apathie und Verantwortungslosigkeit untergehen. »Es ist traurig, aber wahr: Man muss mit den Frauen teilweise reden wie mit kleinen Kindern, anders funktioniert es nicht. Vielleicht, weil sie das einfach brauchen, weil es nie jemandem in ihrem Leben gab, der ihnen gesagt hat, wo es lang geht und auf den sie sich verlassen konnten.« Rührende Dankesbriefe in krakeliger Handschrift und falscher Grammatik bestätigen das.

Am nächsten Tag empfängt Nicole Smith in einem grauen Jogginganzug und roten Turnschuhen, die farblich mit den langen künstlichen Fingernägeln abgestimmt sind. Viel aufzuräumen gab es nicht: ein Sofa, ein Tisch, ein Fernseher, viele Kinderfotos über dem Fernseher, ein Regal voller Videokassetten – das ist das Wohnzimmer. Ihr Lieblingsfilm? Nicole muss nicht lange überlegen: »Erin Brockovich!« – die Oscar-prämierte Erfolgsgeschichte einer alleinerziehenden *White-trash*-Mutter, die einen Umweltskandal aufdeckt. Erst gestern Abend habe sie ihn wieder angeschaut. Warum? »Weil das so eine starke Frau ist. Die arbeitet hart und kämpft bis zuletzt für alles.«

Wenn es nach Nicole ginge, könnte der Film auch »Barbara Harris« heißen. Auf der Gruselskala der Fragebögen liegt Nicole im unteren Mittelfeld. »Alter: 25, vier Kinder, keine Abtreibung, zehn Jahre drogenabhängig.« Die Kinder stammen von zwei Vätern, mit keinem war sie verheiratet oder ist sie noch zusammen. Den einen zwingt ein Gericht, monatlich für jedes seiner Nachkommen 137 Dollar Alimente abzuzweigen, der andere kriegt seine Schulden nicht los und muss daher nichts zahlen. Mit ihrer Mutter und den Kindern ist Nicole in einer Drei-Zimmer-Wohnung gestrandet. Hauptgeldquelle: die Frührente der Mutter. »Wenn du drogenabhängig bist, kannst du nicht mehr richtig von falsch unterschieden«, erzählt sie, »da lebst du nur noch für den nächsten Rausch, alles andere ist dir egal, selbst deine eigenen Kinder.« Ihre kamen alle geschädigt auf die Welt. Die beiden ältesten, acht und sieben, sind inzwischen gesundheitlich einigermaßen über den Berg, aber Anthony, vier, ist sprachlich zurückgeblieben und Cassandra, sieben Monate, leidet an Asthma. »Weil ich, als ich mit ihr schwanger war, alles Mögliche geraucht habe. Junkies sollten keine Kinder bekommen dürfen.«

In der *high school* fing es mit Joints an. »Ich bin an die falschen Freunde geraten.« Zwei dieser Freunde sind inzwischen an einer Überdosis

Drogen gestorben, zwei sitzen im Gefängnis. Erst als die Mutter schließlich drohte, ihr die Kinder wegzunehmen, entschloss sich Nicole zum Entzug. Dann brachte ihre älteste Tochter ein CRACK-Flugblatt aus der Schule mit. Mit 24, in einem Alter, in dem andere Frauen noch nicht mal ans Kinderkriegen denken, beschloss Nicole, sich sterilisieren zu lassen. Jetzt verbringt sie den Tag zwischen dem Fernseher, den vielen Arztterminen für sich und die Kinder und dem »Wie-kann-man-sein-Leben-nur-so-verpfuschen?!«-Genörgel ihrer Mutter. Trotzdem: »CRACK war meine Rettung«, sagt Nicole.

Vielen amerikanischen Teenagern wären schon mit besseren Informationen über Sex und Verhütung geholfen. Zwar ist die Zahl der Schwangerschaften unter Teenagern in den neunziger Jahren stark zurückgegangen, aber im Vergleich mit anderen Industrieländern ist sie noch immer hoch. Laut National Center for Health Statistics und dem Alan Guttmacher Institute, einer Beratungsstelle zur Familienplanung, werden von tausend Teenagern in den USA jährlich 84 schwanger (in Deutschland 16, in Japan zehn, in Russland 102). In absoluten Zahlen sind das eine Million schwangere amerikanische Teenager. Knapp die Hälfte der Mädchen treibt ab, insgesamt endet jede vierte Schwangerschaft in den USA in einer Abtreibung.

Mit dem legendären Roe-v.-Wade-Urteil hat das Oberste Bundesgericht 1973 Abtreibungen bis zu einem Zeitpunkt, von dem an der Fötus außerhalb des Mutterleibs überlebensfähig wäre, legalisiert (bei Vergewaltigung, Inzest oder Lebensgefahr für Mutter oder Kind gelten andere Regeln). Seitdem kochen die Emotionen immer wieder über, und die Auseinandersetzungen erreichten Mitte der neunziger Jahre ihren Höhepunkt, als militante Abtreibungsgegner tödliche Anschläge auf Kliniken und Ärzte verübten.

Kaum ein Thema hat in den vergangenen dreißig Jahren die amerikanische Gesellschaft so gespalten wie die Frage, ob das Lebensrecht eines Fötus höher wiegt oder das Recht einer Frau, über ihre Fortpflanzung selber zu bestimmen. Sie sei keine Abtreibungsgegnerin, sagt Harris, sie sehe nur, dass die hohe Zahl vermieden werden könnte. »Für viele Frauen ist Abtreibung eine andere Form von Verhütung. Manchmal habe ich das Gefühl, wir haben zu viele Rechte in diesem Land, und eines davon ist unsere Form des Abtreibungsrechts.«

Harris versteht es zu provozieren. Vertreter des NAACP, der größten Schwarzen-Organisation in den USA, stoßen sich schon an dem Namen CRACK: Mit der gleichnamigen Droge assoziiere man vor allem schwarze Amerikaner. Sie werfen Harris vor, auf Minderheiten abzuzielen, und erinnern an Eugenik-Gesetze weißer Rassisten zu Beginn des 20. Jahrhunderts in den Südstaaten. »Das ist Unsinn«, erwidert Harris, »177 unserer Kunden sind Weiße, 157 Schwarze und 41 sind Hispanics. Diese Zahlen sprechen für sich.« Nein, Drogen kennen keine ethnischen Grenzen. Nicole ist weiß, die Väter ihrer

Kinder sind schwarz. »Jede Hautfarbe hat Drogenprobleme«, sagt sie, »vielleicht gelingt es den Weißen ein bisschen besser, ihre zu verstecken.« Die meisten Kritiker verstummen schnell, wenn sie erfahren, dass Harris' Ehemann schwarzer Hautfarbe ist, dass sie zusammen drei Kinder haben und die vier adoptierten ebenfalls schwarz sind. »Wäre meine Frau auch schwarz«, meint Smitty Harris, »hieße es bei denen wahrscheinlich, dass sie eine Wohltäterin ist.«

Die Amerikanische Bürgerrechtsunion mag Harris auch nicht: »Die meisten dieser Frauen befinden sich in einer wirtschaftlichen Zwangslage, sie machen etwas, was sie später vielleicht bereuen,« wirft man ihr dort vor. Harris erregt sich: »Wenn den Frauen nicht mal zugetraut wird, die Verantwortung für eine solche Entscheidung zu übernehmen, wie können sie dann Verantwortung für ein Kind übernehmen?«

In einem Punkt ist Harris den meisten Kritikern überlegen: Sie betrachtet ihre Welt und deren Probleme nicht durch das Universitätsfenster eines Soziologen, sondern sie weiß, wovon sie spricht: Mit sieben Geschwistern aufgewachsen, immer rastlos dem mal hier, mal dort jobbenden Vater hinterherlebend, die *high school* abgebrochen, mit neunzehn ein uneheliches Kind zur Welt gebracht, zwanzig Jahre lang im *International House of Pancakes* gekellnert. »Eine Ausbildung habe ich nicht«, meint sie und lacht, »aber ich glaube, ich habe Erfahrung und ein Herz.« Etwa wenn ihr eine der Frauen am Telefon erzählt, dass sich die Familie seit drei Tagen von Toast und *peanut butter* ernährt, weil die Sozialhilfe schon zur Mitte des Monats »irgendwie« weg war. Da unterbricht sie mal eben ihre Schreibtischarbeit, fährt zum nächsten Supermarkt und bringt der Frau eine Ladung Lebensmittel und eine Standpauke vorbei. »Wahrscheinlich das ganze Geld für Drogen ausgegeben!«, meint sie.

Zurück in ihrem Büro zeigt Barbara Harris auf die Fotos hinter ihrem Schreibtisch. Fotos von Drogenbabys, die Schläuche in der Nase haben und deren kurzes Leben in ein paar Sätzen daneben beschrieben ist. »Wer eine bessere Lösung für all das weiß, soll sie mir nennen, ich übernehme sie dann gerne«, sagt sie. »Aber bisher sind keine Vorschläge gekommen.«

Unser Dorf soll bayerisch werden

Als »Bavarian Village« zieht das amerikanische Städtchen Leavenworth die Touristenströme an

»Nein, mit Leavenworth haben wir nichts zu tun, wir gehören doch zu Peshastin«, antwortet Rudolf Prey mit leicht pikiertem Unterton. Dabei haben wir ihn nur gefragt, ob sein Obstgeschäft am Highway 2 schon zum Einzugsbereich Leavenworths gehört. Prey ist vor zwanzig Jahren mit Frau und drei Kindern aus Kiel nach Washington, den nordwestlichsten Bundesstaat der USA, ausgewandert und will mit den »Bajuwaren«, die drei Autominuten westwärts siedeln, so wenig wie möglich zu tun haben. Offensichtlich hat sich der preußisch-bayerische Antagonismus aus der Alten Welt bis an den Pazifik übertragen.

Wem die bayerische Lebensart nicht liegt, der sollte tatsächlich noch vor dem »Herzlich Willkommen in Leavenworth«-Schild einen großen Bogen um den Ort machen. (Was aber nicht möglich ist, weil es rundherum nur Wälder und Berge, aber keine Umgehungsstraßen gibt.) Und gleich nach dem Überqueren der norddeutsch-süddeutschen Demarkationslinie laufen auch schon die ersten Japaner kamerabewaffnet über die Straße.

Aber die Touristen aus dem Reich der aufgehenden Sonne sind nicht das einzige Merkmal, das Leavenworth so oberbayerisch macht. Es sind auch die geranienschwangeren Balkone, die aufgeklappten Holzläden, die Lüftlmalerei, der Maibaum im Ortszentrum und das Gebirgspanorama der Kaskaden im Hintergrund. Diese Eigenschaften brachten Leavenworth den Beinamen *The Bavarian Village* ein. Warum also von Tokio ins ferne Oberammergau starten, wenn Oberbayern doch so viel näher liegt?

Dabei hat alles ganz anders begonnen. Anfangs war Leavenworth eine lose Ansammlung von ein paar Holzhütten. Anfangs, das heißt ab 1893, dem Jahr, in dem der Finanzmakler Charles Leavenworth es offiziell gründete. Ein junger Ort in einem jungen Bundesstaat, der erst 1889 der Union beigetreten war.

Die wenigen Siedler lebten hauptsächlich vom Holzfällen, woran sich die nächsten Jahrzehnte nicht viel ändern sollte. Goldfunde zogen schnell Menschen aus dem Osten und aus Kalifornien an, und in den ersten drei Jahrzehnten erlebte Leavenworth einen Boom – bis die Eisenbahn ihren Rangierbahnhof ins vierzig Kilometer entfernte Wenatchee verlegte.

Die Bedeutung der *boomtown* ging auf diese Weise verloren, und mit der Hausse war es schnell vorbei. In den zwanziger Jahren mussten die beiden größten Sägewerke der Region schließen. Der Börsenkrach von 1929 und die folgende Depression taten ihr Übriges. Auch in den fünfziger Jahren hatte sich Leavenworth wirtschaftlich noch nicht erholt. 1960 bildete sich ein Komitee, um die kränkelnde Stadt vor dem Tod zu retten. Die einzige Medizin schien der Tourismus zu sein. Die Stadtväter beschlossen darum, aus Leavenworth eine »Themenstadt« zu machen, sie also nach einem bestimmten Motto zu gestalten. Zur Debatte standen eine alte Westernsiedlung und ein oberbayerisches Dorf. Bayern gewann, wohl wegen des »alpinen Landschaftscharakters« rund um Leavenworth, wie ihn ein Prospekt beschreibt. (Später, als die Leavenworther schon emsig sägend und hämmernd ihr Städtchen veränderten, kam die Idee auf, Homosexualität zum Thema zu machen. Wie das städtebaulich umzusetzen wäre, steht bis heute zur Debatte.)

Und so kommt es, dass sich die Liste der Hotels und Restaurants des *Bavarian Village* heute so liest: The Alpen Inn, Alpenrose, Bayern on the River, Der Ritterhof, Edelweiss Hotel, Innsbrucker Inn, Linderhof Motor Inn, Abendblume, Edel Haus Inn, Das Wiesenhaus, Hansel & Grete Deli, Katzenjammer's …

Selbst der örtliche Supermarkt hat hier nicht, wie in den restlichen USA der Fall, die Form eines rechteckigen Kastens und die Größe eines Fußballfeldes. Er ist überschaubar und architektonisch einem alpenländischen Bauernhof nachempfunden. Drinnen, über der Wurst- und Käsetheke, ist ein Wetterhäuschen an die Wand genagelt. Die kitschig bemalten Fenster zur Straßenseite sähen allerdings besser aus, wenn man sie mit Plakaten der aktuellen Wochenangebote überkleben würde.

Sonst haben sich die 11.000 Leavenworther

nur wenige ästhetische Entgleisungen geleistet. Vielmehr haben sie sich bemerkenswerte Mühe gegeben, ihr Bayern so authentisch wie möglich darzustellen. 1966 war eigens eine Delegation von Stadtplanern in den Freistaat entsandt worden, um sich aus erster Hand über die dortige Architektur zu informieren. Da in Leavenworth bis dato Dächer oder Balkone nicht mehr als 120 Zentimeter über den Gehweg ragen durften, musste man solche und ähnliche Vorschriften aufheben. Dafür wurden andere geschaffen, etwa um Neonschilder von der Straße zu verbannen und durch handgeschnitzte oder -geschmiedete Tafeln zu ersetzen. Den Leavenworthern war es ernst um ihre Ortstransformation. Schlechte Bayern-Look-Kopien aus Fertigteilen kamen ihnen gar nicht erst vor die Kelle.

Besonders rühmen sie sich heute dafür, die Umbauten aus eigener Tasche und auf eigenes Risiko finanziert zu haben und nicht von Regierungszuschüssen abhängig gewesen zu sein. »Geld vom Staat haben wir nicht angenommen«, erinnert sich Pauline Watson, die Inhaberin des Alpen Haus. »Ich habe damals eine Farm verkauft, um an Geld zu kommen. Wir haben alle aus Stolz auf unsere Stadt gehandelt.«

Hinter den Häuserzeilen mit ihren Fachwerkbauten, Türmchen, Erkern, Dachgaupen und Butzenscheiben (man sieht, dass *Bavarian Village* in Leavenworth ein architektonisch weiter Begriff ist) bleibt's bayerisch-deutsch. Im Marktplatz an der Front Street, der Hauptstraße, bieten Alice Brusch und ihre Kolleginnen in weiß-blauen Dirndln eine stattliche Sammlung Bierkrüge feil. »Prunkstück« ist das Exemplar mit Abbild der Berliner Mauer und dem Aufschrift-Oxymoron »Freiheitsmauer«. Auf dem Deckel klebt ein taubeneigroßes Bruchstück des sozialistischen Bauwerks.

Dahinter drängeln sich die »Original Bregenzerwälder Dorfmusik« neben »Das Große Blasmusikvergnügen« auf dem Regal mit den *yodelling tapes.* Ansonsten: Wälder voll Kuckucksuhren, Armeen von Nussknackern und Horden von Hummelfiguren. (Amerikanische Geschäftsleute frönen dem Glauben: Je mehr Ausgaben eines Produkts im Regal, desto größer der Absatz.) In einem anderen Teil des Ladens können die Kunden über ihre deutschen Vorfahren und Familienwappen forschen lassen.

Ein notorischer Geruch steigt aus dem Andreas Keller nebenan auf. Es muss auf das *oktoberfest chicken*, die Schweinehax'n und die Weltklasse-*pretzels* zurückzuführen sein, die auf der Karte stehen. Zwei Häuser weiter, im Schwarzen Schwan, einem Souvenirladen, empfängt ein lebensgroßer Bill Clinton aus Pappmaché in Lederhose und kariertem Hemd. Das einzig Kaufenswerte ist hier wohl das Buch über deutschen Humor, das verspricht »die Deutschen so ernst zu nehmen, wie sie es selber tun« und Tipps aufstellt, mit welchen Sprüchen man sich in Deutschland am besten in einer Schlange vordrängelt. Aber nicht nur für die Leerung des

Geldbeutels, sondern auch für Augen und Ohren ist gesorgt: Die Festival-Saison beginnt mit dem Maifest – damit auch der Maibaum zur Geltung kommt –, setzt sich im August mit der International Accordion Celebration fort und endet im Dezember mit dem Weihnachtsbeleuchtungs-Festival.

Die Tourismus-Rechnung ist aufgegangen. Nach einer langen Durststrecke boomt Leavenworth wieder. Die eine Million Besucher, die jedes Jahr über den Ort herfallen, hat heute die Holzindustrie – Kapitalquelle der Anfangsjahre – abgelöst. Die meisten kommen aus dem Nordwesten und aus Kanada, aber eben auch aus Europa, Japan und neuerdings auch Russland, wie Diane Norman vom örtlichen Fremdenverkehrsamt sagt. Nur Norddeutsche sieht sie hier selten – und Kieler schon gar nicht.

Der Teufel erscheint exklusiv

»Weekly World News« – eine US-Boulevardzeitung vermarktet bizarre Rätsel und Mysterien

Elvis lebt. Vor einem knappen Jahr wurde er in einem Supermarkt in Miami gesichtet. Und kürzlich soll der King in Tennessee über den Highway gerauscht sein. Außerdem sagen Experten voraus, dass der Star noch dieses Jahr ein Live-Konzert gibt.

Ach ja, John F. Kennedy weilt übrigens auch noch unter uns. Elektronische Messungen auf dem Friedhof von Arlington haben bewiesen, dass sein Grab leer ist. Wer an dieser Entdeckung zweifelt, den überzeuge vielleicht ein Bild von einem weißhaarigen Mann in einem Gartenstuhl, verschwommen zwar, aber doch mit zerfurchten, Kennedy-ähnlichen Gesichtszügen. »Aufgenommen in seinem geheimen Versteck, Jahre nach seinem angeblichen Tod«, steht in der Bildunterschrift. FBI-Quellen bewiesen, heißt es in dem dazugehörigen Artikel, dass Kennedy am 3. Januar 1991 mit Präsident Bush über die Kuwait-Invasion des Iraks diskutiert habe. Weitere Gesprächspartner seien Boris Jelzin, Jacques Chirac und John Major gewesen. Die Quelle dieses Nonsens' ist *Weekly World News*, eine amerikanische Boulevardzeitung. In Boca Raton an der Ostküste Floridas produziert, an den Supermarktkassen des ganzen Landes zu kaufen. Die Investition von umgerechnet neunzig Cents in die 48 Schwarzweißseiten lohnt sich: Mögen die anderen Revolverblätter dieser Welt über Lady Dis Oberschenkelmuskulatur im Fitnessstudio berichten oder über Michael Jacksons Verhältnis zu Schimpansen und Sauerstoffzelten. *Weekly World News* ist auf Königshäuser und Hollywood nicht angewiesen. *Weekly World News* berichtet nämlich über den Selbstmord des ältesten Werwolfs der Welt, über den fünften Reiter der Apokalypse, der noch dazu homosexuell gewesen sein soll, und veröffentlicht »exklusiv« das erste Foto vom Teufel persönlich.

Stars und Prominente finden in der Regel erst nach ihrem Tod Beachtung. Das birgt den enormen Vorteil, dass sie das Blatt wegen der Berichterstattung nicht verklagen können. »Adam und Eva werden kaum einen Prozess gegen uns führen«, sagt Salvatore Ivone, ein leitender Redakteur in einem Interview. Seine Zeitung hatte über den Fund ihrer Skelette in Colorado berichtet. Der Artikel reiht sich ein in Skurrilitäten wie »Anti-Aids-Würmer fressen HIV-Viren«, »Mensch stammt vom Hasen ab«, »Frau von Pelzmantel getötet« oder »Zwölf US-Senatoren sind Außerirdische«. Unter die Rubrik »Service« könnte fallen: »Woran Sie erkennen, dass Ihr Arbeitskollege ein Neandertaler ist« oder »Einfache Gesichtsmassagen lassen den Intelligenzquotienten Ihres Kindes in die Höhe schnellen«.

Absatz finden solche Grotesken genug. Die Auflage liegt bei 940.000, wobei mehr als die

Hälfte der Zeitungen im Abonnnement verkauft wird. Aber wer glaubt diesen geballten Quatsch, der seit 1979 den Supermarkt-Kunden beim Schlangestehen an der Kasse die Zeit vertreibt? »Rätsel und Mysterien verkaufen sich eben gut«, meint Ivone. »Es fehlt etwas in dieser postindustriellen Kultur des 20. und 21. Jahrhunderts. Diese Lücke schließt der Hunger nach Mythen.«

Märchen für Erwachsene also. Für Steve, einen ehemaligen Mitarbeiter, liegen die Gründe für den Erfolg auf der Hand. »Ich nehme an, die meisten wissen, dass die Geschichten total übertrieben sind. Aber gerade das ist für sie die beste Unterhaltung. Bei anderen Boulevard-Blättern wechseln sich doch die immer gleichen Themen ab. Bei *Weekly World News* weiß ich nie, was mich erwartet. Es bereitet einfach Mordsspaß. Nur gibt natürlich niemand zu, daß er es liest.« Und so gebe es eine Art Gentlemen's Agreement zwischen Machern und Lesern: Wir liefern euch super-bizzaren Lesestoff zum Amüsieren, ihr stört euch nicht am mangelnden Wahrheitsgehalt.

Nur eines Tages tatsächlich auftauchen sollte er halt nicht, der Elvis. Eine Geschichte, die sich im Nachhinein als wahr entpuppt, wäre vermutlich das Ende dieses Stillhalte-Abkommens – und das von *Weekly World News*.